RITES

ET

CÉRÉMONIES

DE L'ÉGLISE ARMÉNIENNE

PAR

LE R. P. JACQUES Dr. ISSAVERDENZ

MEMBRE DE L'ACADÉMIE ARMÉNIENNE

DES MEKHITHARISTES

VENISE

IMPRIMERIE ARMÉNIENNE DE SAINT-LAZARE

1876

OUVRAGES DU MÊME AUTEUR

—

	Fr.	c.
La *Guerre franco-prussienne* de 1870-71, en arm. mod. 2 vol. in-8	10	—
— *Histoire de la Commune* de 1871, idem.	5	—
Le Pêcheur de mon lac, soirées d'un penseur, en arm. mod. in-12. 1873.	2	—
L'Arménie et les Arméniens, en anglais, in-16. 1874-76 : —		
— I partie, *Géographie de l'Arménie* .	1	—
— II „ *Histoire politique de l'Arménie*	4	—
— III „ *Histoire ecclésiastique de l'Arménie*	4	—
Rituel arménien, en anglais, in-16. 1872 : —		
— I partie, *Liturgie arménienne* . . .	2	—
— II „ *Baptême et Confirmation* . .	1	—
— III „ *Les ordres ecclésiastiques* .	2	50
— IV „ *Rites et Cérémonies*, en angl.	3	—
— *Idem*, en français	3	—
L'Île de St-Lazare visitée, en anglais, in-8. 1875	1	—
Idem en italien, in-16. 1876	1	—
Liturgie arménienne, en quatre langues, mise en notes européennes, par M. P. Bianchini	15	—

RITES ET CÉRÉMONIES

DE

L'ÉGLISE ARMÉNIENNE

RITES ET CÉRÉMONIES

DE

L'ÉGLISE ARMÉNIENNE

PAR

P. JACQUES Dʳ. ISSAVERDENZ

MEMBRE DE L'ACADÉMIE ARMÉNIENNE

DES MEKHITHARISTES

VENISE

IMPRIMERIE ARMÉNIENNE DE SAINT-LAZARE

1876

LES RITES SACRÉS DES ARMÉNIENS

I

LE RITUEL DE L'ÉGLISE ARMÉNIENNE.

Le livre qui contient les règlements pour l'administration des saints Sacrements est appelé par les
Arméniens Machedotz, du nom de son compilateur
St. Mesrob, surnommé Machedotz. Cet homme éminent, comme nous l'avons déjà raconté dans notre
histoire de l'Eglise Arménienne, par son invention
de l'alphabet arménien communiqua une vie nouvelle aux progrès intellectuels des Arméniens.

Avant lui les Arméniens ne possédaient pas un
alphabet national, et conséquemment n'avaient pas
en écrit des règlements fixes pour l'exécution de
leurs cérémonies religieuses. De la lecture des peu
nombreux récits que les anciens écrivains nous ont
laissés sur l'exécution du service de l'église avant
l'invention de l'alphabet arménien, nous concluons,
que dans les églises arméniennes le service divin

était exécuté non seulement dans la langue arménienne, mais aussi dans les langues grecque et syrienne, la Bible surtout étant lue au peuple dans cette dernière langue. Cela causait un grand désavantage au clergé arménien dans ses efforts pour instruire le peuple.

Cependant une fois la grande invention effectuée tous les hommes de science de l'époque concoururent à la compilation du livre destiné à fixer pour toujours les règlements des cérémonies ecclésiastiques. Le pontife St. Isaac ainsi que St. Mesrob, dans un court délai, produisirent les cinq livres suivants :

1. Le Bréviaire qui, plus tard, a été complété par leurs disciples Kude et Jean Mantagouni.

2. Le Calendrier, qui a été augmenté et mis en ordre plus tard par d'autres.

3. La Liturgie, qui plus tard a été enrichie par Jean Mantagouni.

4. L'Hymnaire, qu'ensuite Moïse de Khoren et d'autres ont augmenté.

5. Le Rituel ou le livre contenant les règlements pour l'administration du baptême et d'autres sacrements et cérémonies, autrement dit *Machedotz*.

Ce dernier a été complété par St. Mesrob qui, au moyen de ses disciples, ayant recueilli l'ordre des prières et les lectures saintes dont se servaient les anciens Pères, et y ayant ajouté plusieurs autres de son propre, forma le Rituel arménien qui a été sanctionné par l'autorité du Pontife St. Isaac.

C'est ainsi que les Arméniens vinrent à posséder ce livre des cérémonies religieuses qui est la gloire de leur Eglise. Cela cependant, dans les siècles suivants, fut augmenté et enrichi par des Prières, des Psaumes, des Lectures des Écritures Saintes et des Hymnes, comme on peut s'en convaincre en examinant les anciens Manuscrits du Rituel qui nous sont parvenus, parmi lesquels nous pouvons citer un très-beau Manuscrit in-folio, sur parchemin, du huitième siècle, conservé dans la Bibliothèque arménienne de St. Lazare à Venise, dans lequel les règlements des cérémonies sont très-courts, et plusieurs paragraphes qu'on trouve dans des Manuscrits plus récents, y manquent tout-à-fait.

D'où nous concluons qu'à différentes époques le Rituel arménien a été soumis à plusieurs additions, quoique en conservant toujours inaltérables les règlements transmis par St. Mesrob.

II

ÉGLISES.

Le Sanctuaire. — La Sacristie. — L'usage des rideaux devant l'autel. — La Niche pour les offrandes. — Objets qu'on place sur l'autel. — Note : Respect des Arméniens envers les Saints et les reliques. — Eglise, Choeur et Nef.

L'arrangement intérieur des églises arméniennes diffère de celui des Grecs et des Latins. Elles sont bâties généralement dans la direction de l'Orient, ayant l'autel à l'extrémité qui regarde l'Est. Elles sont divisées en deux parties principales : le Sanctuaire et l'église proprement dite.

Le *Sanctuaire* est une plate-forme élevée au-dessus du niveau général de l'église, à laquelle on parvient par quatre, six marches, et plus encore. Le toit au-dessus se termine ordinairement en coupole. C'est le lieu sacré, destiné uniquement à l'accomplissement du Sacrement de la Sainte Eucharistie; aussi l'autel est-il toujours érigé dans son milieu, sur quelques marches plus élevées que le reste du Sanctuaire; il est ainsi exposé à la vue.

Cependant, dans quelques églises très-anciennes où l'arrangement intérieur primitif existe encore intact, nous trouvons qu'un écran sur lequel des ima-

ges de saints sont peintes, est placé devant l'entrée
du Sanctuaire et cache la vue de l'autel. De chaque
côté de cet écran, il y a deux portes qui permettent
aux ministres d'entrer dans le Sanctuaire ou d'en
sortir. Cet écran nous offre l'occasion de conclure
qu'anciennement l'arrangement intérieur des églises
arméniennes doit avoir été quelque peu semblable à
celui des églises grecques, et que plus tard, par suite
de l'adoption des rideaux, il a été modifié. Néanmoins nous trouvons encore la trace de l'écran dans
les deux portes situées de chaque côté de l'autel iso-
lé, qui permettent aux diacres de faire des proces-
sions tout autour de l'autel pendant les cérémonies
de la grand'messe.

La *Sacristie* ordinairement est à côté du Sanctuaire avec lequel elle communique le plus souvent
par une porte derrière l'autel.

Il y a deux rideaux qu'on emploie devant le Sanctuaire. L'un, de grande dimension, est ajusté devant
l'entrée, et à certains moments du service il cache
autel, prêtre et diacres [1].

Le second rideau est petit : on s'en sert quelquefois pour couvrir l'autel et ses ornements après
le service. Si cependant quelque dévot ou pélerin se
présente, ce deuxième rideau reste ouvert tant que

---

1 Pendant le carême ce rideau voile l'autel pour quarante jours consécutifs, et alors le service s'accomplit derrière le rideau. Cela symbolise
l'expulsion de nos premiers parents du Paradis terrestre.

dure l'acte de dévotion. Dans le service de la sainte Eucharistie ce rideau est déployé après l'élévation ; quand le prêtre, après avoir béni le peuple avec le saint Sacrement se tourne de nouveau vers l'autel, ce petit rideau est tiré et le prêtre, resté seul derrière, consomme la sainte Eucharistie.

L'introduction de ces deux rideaux dans l'église arménienne semble dater d'une époque bien reculée, puisque nous les trouvons prescrits dans un canon adressé par Macarius évêque de Jérusalem au Pontife d'Arménie Vertanés, l'an 340 [1].

Une *niche* est pratiquée dans le Sanctuaire, à gauche de l'autel, où sont préparées les oblations, qui, pendant le service, y restent jusqu'au moment où l'on doit les transférer processionnellement à l'autel.

Les objets placés sur l'autel sont : une croix sur laquelle l'image de notre Seigneur est peinte ou bien représentée en émail ; de chaque côté de cette croix on place des chandeliers surmontés de cierges. Quelquefois le saint calice est aussi laissé sur l'autel couvert d'un voile richement brodé. Le livre des saints Evangiles, relié en argent, est placé devant le calice, couvert aussi à moitié par un voile brodé en or, et le livre de la Liturgie ou le Missel est placé sur un des côtés de l'autel.

---

[1] Canon 8ᵐᵉ. — L'autel doit être pourvu d'un rideau ; de même un rideau doit être tiré devant le Sanctuaire, où les seuls ministres officiants doivent entrer ; les autres ministres présents doivent prendre place en dehors du Sanctuaire chacun selon son rang. « Hist. Eccl., p. 46. »

Cependant nous ne devons pas oublier de mentionner que le saint Sacrement aussi est toujours conservé respectueusement à l'autel dans un tabernacle, devant lequel une lampe brûle continuellement.

Les jours de grandes fêtes des reliquaires d'argent ou d'or, contenant des reliques de saints, sont exposés sur l'autel et présentés à la dévotion du peuple [1].

Tel est l'arrangement intérieur du Sanctuaire, où il n'est permis à personne de pénétrer, si ce n'est au prêtre officiant et aux diacres.

L'*Eglise* est divisée en deux parties principales : le Choeur et la Nef.

Le *Choeur* est un peu plus élevé que la nef, et il est destiné à la récitation de l'office ou du bréviaire. Dans le choeur, et de chaque côté du Sanctuaire, il y a ordinairement deux autels et quelquefois encore plus, dédiés aux saints; dans certaines occasions on célèbre aussi la messe sur ces autels.

1 Et ici il faut noter la dévotion que les Arméniens ont pour les saints dont ils invoquent constamment l'intercession. En premier lieu c'est la Madone; la dévotion des Arméniens à la mère de Dieu est telle, qu'il n'y a pas de service de l'Eglise, ni presque de prière, dans laquelle son intercession ne soit sollicitée. Puis viennent St. Jean-Baptiste, St. Etienne Protomartyr, St. Grégoire l'Illuminateur, St. Sergius, et plusieurs autres saints de l'Eglise arménienne, ainsi que de celle des Grecs.

Les reliques des saints sont hautement honorées, et le peuple par dévotion les porte sur la poitrine. En outre, des pèlerinages fréquents se font aux tombeaux et aux sanctuaires où les restes des bienheureux sont déposés; ils sont ardemment invoqués par la foi des fidèles, et il n'est pas rare que ces actes de piété opèrent des guérisons miraculeuses.

Pendant le saint sacrifice de la messe les choristes
ou chantres, qui se composent de jeunes garçons,
restent debout en hémicycle au milieu du choeur,
et accompagnent le prêtre et les diacres officiants
avec des chants et des psalmodies. En dehors du
clergé et des choristes, il n'est permis à personne
d'entrer dans le choeur pendant le service.

Il n'y a pas de stalles dans le choeur, mais d'a-
près l'usage oriental on couvre le plancher avec de
nattes et des tapis sur lesquels chacun s'assied les
jambes croisées. Cependant pour les évêques et autres dignitaires on place des siéges en signe d'honneur.

La *Nef* est reservée au peuple et elle est divisée
en deux parties séparées pour les hommes et pour
les femmes. Néanmoins quelquefois l'église entière
est appropriée à l'usage des hommes, et une galerie
spéciale est bàtie pour les femmes, dans laquelle elles entrent par une porte particulière.

Le plancher de la nef est couvert de nattes et le
peuple en entrant òte la chaussure; et cela non seulement pour la propreté du lieu, mais aussi en signe
de respect pour le lieu sacré, respect basé sur les
paroles de Dieu à Moïse : " *òte ta chaussure, car la
terre sur laquelle tu marches est une terre sainte.* [1] " Il
n'y a point de chaises dans toute la nef, et le peuple
s'assied sur le plancher à la façon orientale, les jam-

___
[1] Exode III, 5.

bes croisées, ou sur des coussins qu'on apporte de chez soi.

Il n'y a pas de chaire pour prêcher dans l'église, car on récite ordinairement les sermons de l'autel ou bien du choeur.

Tel est généralement l'arrangement intérieur des églises arméniennes des deux confessions, c'est-à-dire des catholiques et des autres arméniens, avec cette différence que dans les églises des premiers souvent il y a plus d'autels disposés à la manière des Latins, sur lesquels des messes basses sont journellement célébrées comme c'est l'usage chez les Latins.

Les Arméniens ordinairement dédient leurs églises au Sauveur, à la Sainte Croix, à la Sainte Vierge, aux Apôtres, à St. Grégoire l'Illuminateur, à St. Jean-Baptiste et à d'autres saints des premiers siècles du Christianisme.

III

ADMINISTRATION DU SAINT SACREMENT DE BAPTÊME
SELON LE RITE ARMÉNIEN.

*Cérémonies au porche de l'Eglise. — Entrée dans l'Eglise. —
Bénédiction de l'eau. — Respect des Arméniens pour le
saint chrême. — L'acte du Baptême.*

Les Arméniens ordinairement administrent le Sacrement du Baptême avec une grande pompe et solennité. Voici la manière en usage chez eux.

Le huitième jour après l'accouchement, la sage-femme prend l'enfant dans ses bras, et accompagnée du parrain et de quelques-uns des parents, elle se rend à l'église. Le cortége s'arrête d'abord hors de l'entrée du porche, où vient à sa rencontre le prêtre officiant accompagné d'un diacre et de quelques choristes. La cérémonie alors commence par ces paroles du prêtre :

Béni soit le Saint-Esprit vrai Dieu. Et il récite alternativement avec son diacre les psaumes 51 et 131, et pendant ce temps on tresse un cordon composé de fils de couleur rouge et blanche; quand il est fini, le prêtre le bénit en faisant le signe de la croix et en récitant quelques prières. L'usage de ce cordon doit être expliqué ci-dessous.

Cela fait, le prêtre introduit dans le porche la

sage-femme avec l'enfant, le parrain et toute leur suite. Alors la sage-femme est obligée de s'agenouiller en acte d'adoration autant de fois que l'enfant compte de jours de vie; ensuite on pose l'enfant sur le seuil de l'église. Alors le clergé présent récite des antiphones et des psaumes, et en même temps le parrain se retire à part et fait sa confession sacramentelle, pour qu'il puisse accomplir son office dans l'état de grâce.

Le prêtre alors prenant l'enfant le remet dans les bras du parrain disant :

Du sein de ma mère j'ai été reçu entre vos bras ; vous étiez mon Dieu lorsque je suis sorti de ses entrailles [1]. Et le parrain, qui reçoit l'enfant, s'agenouille trois fois, quand le prêtre plaçant la main sur ce dernier fait ses exorcismes en prononçant quelques invocations dévotes, après quoi il récite des psaumes.

Le prêtre ensuite se tourne vers l'Orient, obligeant ainsi le parrain avec l'enfant de regarder vers l'Occident ; et adressant en ces termes la parole à l'enfant, il fait dire au parrain :

« Nous renonçons à toi, Satan, et à toutes tes fraudes, à tes déceptions et à ton culte, à toutes tes inspirations, tes habitudes, ta mauvaise volonté, tes mauvais anges, tes méchants ministres, tes agents pervers et à tout ton malin pouvoir. »

1 Ps. XXII, 10.

Le prêtre alors questionne trois fois l'enfant en lui demandant :

— Renonces-tu ? Renonces-tu ? Renonces-tu vraiment ?

A laquelle demande ayant reçu trois fois une réponse positive, il fait tourner le parrain et l'enfant vers l'Est, et remet dans la main du premier un cierge allumé en disant :

— Tournez-vous à la lumière de la connaissance de Dieu.

Le prêtre ensuite questionne l'enfant sur les articles de foi suivants :

— Crois-tu à la Sainte Trinité, au Père, au Fils et au Saint-Esprit, aux trois personnes et à une seule nature ? Crois-tu à l'Incarnation du Christ, à l'annonciation de Gabriel, à la très-pure conception de la sainte Vierge Marie, à la naissance virginale du Christ, au baptême, à la prédication, à la doctrine, à la trahison, au crucifiement, à la sépulture, à la résurrection après trois jours, à l'ascension divine, à son assistance à la droite du Père, à sa future venue, à la sainte Eglise Catholique et Apostolique, à la rémission des péchés, à la résurrection des morts, à l'autorité du juge, à la récompense selon les œuvres de chacun et à la vie éternelle ? Crois-tu ? Crois-tu ? Crois-tu ?

Le parrain répond en disant :

— Je crois, je crois, je crois.

Et le prêtre ajoute :

— Crois-tu au Père vrai Dieu? Crois-tu au Fils vrai Dieu? Crois-tu au Saint-Esprit vrai Dieu?

Et le parrain à chacune de ces demandes répond :

— Je crois.

Alors le prêtre lit ce passage de l'Evangile selon St. Matthieu qui traite du baptême[1]; la lecture finie, il récite en compagnie du parrain le Credo nicéen.

Pendant que ces cérémonies préparatoires à l'administration du baptême s'exécutent, les acolytes ferment la porte de l'église qui reste fermée jusqu'à ce que, récitant alternativement le psaume 118, ils arrivent au 20me verset : « *Voilà la porte du Seigneur; c'est là que les justes entreront.* » En prononçant ces paroles, on ouvre les portes de l'église, et en continuant de réciter le psaume, tout le monde, excepté les femmes qui restent dans le porche, entre dans l'église. Le psaume fini, on y ajoute encore le 100me ; et pendant qu'on se porte vers le baptistère, le prêtre récite quelque prière invoquant l'assistance divine pour bien et saintement administrer le saint Baptême; à la fin le chœur chante une hymne adaptée à la circonstance.

Alors le prêtre s'approche des fonts, et trouvant à côté l'eau déjà préparée, qui naturellement est un

[1] Ch. xxviii, 16-20.

peu chaude, et le vase du saint chrême, il procède immédiatement à la bénédiction de la première en récitant des prières spéciales pour invoquer la vertu du Saint-Esprit. Il la verse alors dans le bassin en forme de croix et en même temps le choeur chante des hymnes et récite des psaumes.

On fait alors des lectures tirées des prophéties [1] et de l'Épître de St. Paul aux Galates [2] ; après quoi le diacre lit un passage de l'Evangile selon St. Jean [3]. Cela fini, le diacre fait des exhortations au peuple présent afin qu'il prie pour la paix du monde, pour la prospérité de l'Eglise, pour la vie et le salut éternel du patriarche, pour la digne administration du baptême qu'il est sur le point de conférer, pour la régénération spirituelle de l'enfant et pour tous les fidèles.

Après ces préliminaires, le prêtre fait approcher l'enfant des fonts et en même temps il récite sur l'eau une très-belle prière qui mérite d'être citée ici.

— Toi, Seigneur, par ta grande puissance, tu as créé la mer et la terre, et toutes les créatures en elles. Tu as divisé et fixé les eaux dans les cieux, la résidence de tes célestes armées qui te glorifient incessamment. Tu as envoyé tes saints Apôtres, en leur ordonnant de prêcher et de baptiser tous les infidèles au nom du Père, et du Fils et du Saint-Esprit. Tu

---

1 Isaïe. 55, 1. — Ezéchiel, 36-25.

2 Ch. 3, v. 23.

3 Ch. 3, v. 1-8.

as décrété aussi par ta parole infaillible, que ceux qui ne sont pas régénérés par l'eau ne doivent pas entrer dans le Paradis. C'est dans cette crainte que celui-ci, ton serviteur, qui te désire, Toi qui es la vie éternelle, est venu volontairement pour être baptisé spirituellement avec cette eau. Nous t'en prions, Seigneur ; fais descendre ton Saint-Esprit sur cette eau, bénis-la et purifie-la de la même manière que tu as purifié le Jourdain en y descendant, Toi, notre Seigneur Jésus-Christ, qui étais très-pur de péché, symbolisant ainsi ces fonts baptismaux de la régénération de tous les hommes. Accorde-lui par cette eau, dans laquelle il est baptisé en ce moment, de pouvoir obtenir le pardon de tous ses péchés, recevoir ton Saint-Esprit, être rangé au nombre de ceux qui sont affiliés à ton Père céleste, et devenir digne de l'héritage de ton royaume céleste : de sorte que, purifié du péché, il puisse vivre dans ce monde sous la règle de ta volonté, et dans la vie à venir recevoir, avec tous tes saints, les bienfaits sans fin, et joyeusement glorifier le Père, le Fils et le Saint-Esprit, maintenant et pour l'éternité.

A cette prière succèdent d'autres prières préparatoires à la diffusion dans l'eau de l'huile du saint chrême, qui est déjà béni par le Patriarche. Il faut cependant observer le respect que les Arméniens professent envers le saint chrême : avant d'ouvrir le vase dans lequel il est contenu, ils allument des cierges ; et le prêtre, prenant successivement dans sa main la croix, le livre des Evangiles et le vase du saint chrême, fait trois fois le signe de la croix sur l'eau, et pendant qu'il la bénit avec le saint chrême, il y verse trois gouttes de l'huile sainte en chantant comme il suit :

— Alleluja ! Alleluja ! Alleluja !

— Que cette eau soit bénie ✝ et purifiée par le signe de la sainte Croix, du saint Evangile et du saint chrême ; au nom du Père, et du Fils, et du Saint-Esprit ; maintenant et pour les siècles des siècles.

A quoi le diacre répond par trois fois :

— Alleluja ! Alleluja ! Alleluja !

Cela fait, le prêtre ordonne qu'on déshabille l'enfant ; le parrain exécute l'ordre immédiatement et présente ainsi l'enfant au prêtre qui récite sur lui la prière suivante :

— O Seigneur, Toi qui as appelé celui-ci ton serviteur à la purification et à la lumière du baptême ; nous te prions de le rendre digne de ta grande grâce. Efface en lui la corruption du péché et forme en lui une vie nouvelle ; remplis-le de la grâce du Saint-Esprit et range-le parmi ceux qui sont affiliés au Christ, à qui appartient gloire, puissance et honneur, maintenant et dans les siècles des siècles.

Le prêtre alors s'adressant à l'enfant dit :

— Que demandes-tu?

Et le parrain répond :

— Je demande d'être baptisé.

A quoi le prêtre :

— Est-ce vraiment que tu le demandes?

Et le parrain :

— Je demande avec foi d'être baptisé et purifié du péché originel, d'être délivré du démon et de servir Dieu.

Et le prêtre répond :

— Que cela soit selon ta foi.

Le prêtre alors demande le nom qu'on désire donner à l'enfant, et tenant doucement ce dernier, avec sa main gauche, par le cou, il le prend avec sa main droite par les pieds et le plonge dans les fonts, de manière que le haut de sa tête soit tourné vers l'Occident, ses pieds vers l'Orient, et que son visage regarde le ciel. C'est ainsi qu'appuyant ses pieds sur le fond du bassin et tenant sa tête hors de l'eau, il dit :

— (N.) serviteur de Dieu, étant passé de sa propre volonté à l'état de catéchumène, et de cet état à celui du baptème, à présent est baptisé par moi au nom du Père — *à ce nom il verse avec la paume de sa main une poignée d'eau sur la tête, et continue,* — et du Fils — *et il verse de nouveau de l'eau avec sa main,* — et du Saint-Esprit. — *et il verse pour la troisième fois de l'eau sur la tête.*

Ensuite il le plonge tout entier, y compris la tête, dans les fonts baptismaux par trois fois, et à chaque immersion il dit :

— Racheté par le sang du Christ de l'asservissement du péché, ayant reçu cette liberté qui dérive de ta vertu paternelle, Père céleste, il devient cohéritier du Christ et temple du Saint-Esprit.

Ces trois immersions sous l'eau sainte, dit la rubrique, signifient l'ensevelissement de trois jours du Christ.

Le prêtre ensuite lave tout le corps de l'enfant en disant :

— Vous tous qui avez été baptisés en Jésus-Christ, vous avez revêtu le Christ, alleluja! Et vous tous qui avez été illuminés en Dieu le Père, que le Saint-Esprit puisse se réjouir en vous. Alleluja!

Le prêtre ensuite récite alternativement avec le diacre quelques versets du 34me psaume, puis il fait une lecture de l'Evangile selon St. Matthieu [1], qui relate le baptême de Notre Seigneur dans le Jourdain, et quand il arrive aux paroles : « Jésus, aussitôt qu'il fut baptisé, sortit de l'eau, » il sort l'enfant des fonts et le rend au parrain, puis il continue de lire le dernier verset de l'Evangile. Ensuite il récite quelques prières, et c'est ainsi que le rite de l'administration du baptême est complété.

[1] Ch. iii, 13-17.

IV

LE SAINT SACREMENT DE LA CONFIRMATION.

Acte réél de la Confirmation. — Conclusion de la Confirmation. — Communion des enfants nouvellement baptisés. — Cérémonie du quarantième jour après le baptême de l'enfant.

Immédiatement après le baptême, le même prêtre administre à l'enfant le saint Sacrement de la Confirmation, conformément à l'usage établi dans toutes les églises d'Orient.

Au commencement on chante une hymne qu'on appelle l'hymne du saint chrême; laquelle étant finie, le prêtre trempe son pouce droit dans l'huile sainte, et, en forme de croix, oint le corps du nouveau baptisé en neuf différentes parties, comme il suit :

Premièrement sur le front, en disant :

— Que cette huile suave qui est versée sur toi au nom du Christ, puisse être le sceau des dons célestes.

Ici la rubrique observe que c'est justement dans cette formule que consiste la Confirmation ou tout le Sacrement du chrême ; toutes les autres onctions sont simplement des cérémonies et des actes sacramentaux.

A l'onction du front succède celle des yeux, pour laquelle le prêtre dit :

— Puisse ce sceau qui t'est offert au nom de Jésus-Christ, illuminer tes yeux, afin que tu ne dormes jamais le sommeil de la mort !

En troisième lieu, le prêtre oint les oreilles, en disant ces paroles :

— Puisse ce sceau de sanctification te rendre docile aux commandements de Dieu !

En quatrième lieu, il oint le nez, et dit :

— Puisse ce sceau, au nom de Jésus-Christ, t'être comme une odeur suave qui te conduise de la vie à la vie.

Cinquièmement, il oint la bouche et dit :

— Puisse ce sceau, au nom de Jésus-Christ, t'être comme un gardien, et comme une porte solide à tes lèvres.

Sixièmement, il oint les deux paumes des mains en disant :

— Puisse ce sceau t'être, au nom de Jésus-Christ, une excitation aux bonnes oeuvres, aux bonnes actions et à la bonne vie.

Septièmement, il oint le coeur, et dit :

— Puisse ce sceau divin, au nom de Jésus-Christ,

créer en toi un coeur pur, et renouveler en toi un esprit droit.

Huitièmement, il oint l'épine du dos en disant :

— Puisse ce sceau, au nom de Jésus-Christ, t'être un bouclier de salut, avec lequel tu puisses être capable d'éteindre tous les dards de feu du malin.

Neuvièmement, il oint les pieds en disant :

— Puisse ce sceau divin, au nom de Jésus-Christ, diriger tes pas à la vie éternelle, et préserver ton pied de toute chûte.

A la fin il fait le signe de la croix sur le nouveau baptisé et dit :

— Que la paix soit avec toi, sauvé par Dieu.

Cela fait, le prêtre bénit les vêtements de l'enfant et il l'habille. Ensuite il lui ceint le front du cordon de fils blancs et rouges, — lequel, comme nous l'avons déjà dit, est filé au commencement de la cérémonie du baptême, — et au bout duquel est attachée une petite croix ; puis couvrant l'enfant d'une robe blanche il lui met à la main un cierge, peint en rouge et vert, et dit :

— Reçois le flambeau de la foi et des bonnes oeuvres, afin que lorsque l'époux viendra, tu puisses être digne d'entrer dans les noces de la lumière, et jouir la vie éternelle.

Le prêtre ensuite prend l'enfant dans ses bras et le porte à l'autel, où il lui fait faire l'acte d'adoration devant la sainte Croix en lui faisant en même temps approcher les lèvres comme pour baiser la croix, ainsi que l'autel en trois endroits, en disant :

— (N.) serviteur de Jésus-Christ, venant par sa propre volonté de l'état de catéchumène à celui du baptême, et de l'état du baptême à l'adoration, adore devant ce saint autel, dépouille l'iniquité de sa personne, et se revêt de la lumière de la connaissance de Dieu ; au nom du Père, etc.

Il remet alors l'enfant dans les bras du parrain et ouvrant le tabernacle où est conservé le saint Sacrement, il administre la sainte communion à l'enfant. Après quoi la cérémonie finit [1].

L'enfant ensuite est conduit à la porte de l'église, le chœur récitant alternativement le 32me psaume,

[1] Voici comment on administre la sainte Communion aux enfants nouvellement baptisés.

On administre ordinairement le baptême pendant le service de la sainte messe. En conséquence l'enfant est porté à l'autel au moment où le célébrant communie; celui-ci trempant son doit dans le saint calice, le met dans la bouche de l'enfant en disant :

— Plénitude du Saint-Esprit.

Cependant si la cérémonie du baptême est exécutée à un moment où l'on ne célèbre point de messe, le prêtre, après avoir porté l'enfant à l'autel, prend une parcelle des saintes Espèces conservées dans le Tabernacle, et en signe en forme de croix la bouche de l'enfant, en disant les mêmes paroles. Après quoi il replace la sainte Parcelle à sa place.

Les Arméniens appellent cette cérémonie : « Communion par les lèvres. »

auquel succède une prière; une hymne est ensuite chantée en l'honneur de la Très-Sainte Trinité.

On renvoie alors l'enfant à la maison, où, huit jours après, le prêtre se rend lui-même et enlève le cordon dont on avait ceint le front de l'enfant à la fin de la confirmation. Cependant il récite des prières appropriées à la circonstance.

Quand l'enfant arrive à son quarantième jour, il est emmené de nouveau à la porte de l'église, accompagné par sa mère, et le prêtre prononce sur tous les deux des prières particulières. Ils sont ensuite introduits dans l'église, et le prêtre prenant l'enfant dans ses bras, le place sur les marches de l'autel, comme pour lui faire faire l'acte d'adoration, et il le rend ensuite à sa mère. On chante alors une hymne en l'honneur de la sainte Vierge, après quoi le prêtre les bénit, et ainsi la cérémonie est accomplie.

V

LE SAINT SACREMENT DE PÉNITENCE.

Acte de Confession du Pénitent. — Formule de l'absolution. —
Temps de confession dans l'année.

Le Sacrement de Pénitence ou de Confession est
administré dans l'Eglise Arménienne presque de la
même manière que dans celle des Latins. La confession est toujours auriculaire et elle a été toujours
ainsi, comme on peut le prouver par le 22me canon
du premier concile national qui a été tenu à Vaghar-
chabad pendant le temps de St. Grégoire l'Illuminateur. Ce canon dit : « Si quelque prêtre publie ou
trahit les péchés dont on s'est accusé en confession,
il sera dégradé des ordres saints et déchu du rang
de ministre, et les péchés du pénitent lui seront im-
putés. »

Or le pénitent qui se prépare à la confession,
après avoir fini son examen de conscience, se met à
genoux devant le confesseur et dit :

— J'ai péché devant la Très-Sainte Trinité,
Père, Fils et Saint-Esprit ; j'ai péché devant Dieu. Je
confesse devant Dieu et devant vous, saint-père, tous
mes péchés ; car j'ai péché devant Dieu par pensées,

par paroles et par oeuvres, volontairement et involontairement, sciemment et non sciemment.

Sur ce, il commence à confesser les uns après les autres et distinctement tous les péchés commis; la confession terminée il ajoute :

— Saint-Père, c'est vous que j'ai pour conciliateur et intercesseur avec le Fils unique de Dieu. Je vous prie, en vertu du pouvoir qui vous a été donné, de m'absoudre des liens de mes péchés.

Alors le prêtre, suivant les prescriptions de la rubrique, doit conseiller le pénitent et lui appliquer quelque pénitence comme remède à ses blessures, ensuite il prononce la formule de l'absolution comme il suit :

— Que Dieu le miséricordieux ait pitié de toi et accorde le pardon à tous tes péchés, confessés et oubliés. Et moi, en vertu de mon ordre de prêtrise et du pouvoir concédé par commandement divin : « Ceux à qui vous remettrez les péchés sur la terre, à ceux-là ils leur seront remis dans les cieux; » par ces mêmes paroles je t'absous ✠ de toute participation au péché, par pensées, par paroles et par oeuvres, au nom du Père et du Fils et du Saint-Esprit. Et de nouveau je t'associe aux sacrements de la sainte Eglise; et que toute bonne oeuvre que tu puisses faire, te soit réputée pour mérite et pour gloire dans la vie à venir. Que l'effusion du sang versé par le Fils de Dieu sur la croix, qui racheta le monde ainsi sauvé de l'enfer, puisse te délivrer de tes péchés. Ainsi soit-il.

Le prêtre récite le Pater, et le pénitent s'en va en paix.

Les occasions dans lesquelles les Arméniens sont obligés dans l'année de s'approcher du Sacrement de la pénitence, sont au nombre de cinq. Ces occasions sont les grandes solennités chrétiennes que les Arméniens désignent sous la dénomination générale de *Daghavar-Tabernacles*.

Telles sont :

L'*Epiphanie*, par laquelle les Arméniens fêtent aussi la Nativité de Notre-Seigneur ou Noël.

La *Pâque*.

La *Transfiguration*.

L'*Assomption de la Ste-Vierge*.

L'*Exaltation de la Ste-Croix*.

Les deux premières fêtes sont obligatoires pour tous les Arméniens; de sorte que si quelqu'un néglige l'accomplissement d'un tel devoir, il est regardé comme un homme sans religion.

Le peuple, la veille de ces deux solennités, qui sont regardées comme les plus grandes, jeûne toute la journée du matin au soir, puis s'étant confessé et ayant communié, retourne chez lui et romp le jeûne avec du laitage et du poisson seulement.

Dans les autres trois fêtes, la confession n'est pas aussi obligatoire que dans les deux premières, mais le peuple est exhorté à le faire. Cependant la dévotion nationale est telle sur ce point, qu'il est très-peu d'âmes sur lesquelles les ministres de l'Eglise aient lieu d'exercer l'influencé de leurs exhortations.

VI

LE SAINT-SACREMENT DE LA COMMUNION.

La confession des fidèles étant terminée, le service de la grand'messe commence; et à la fin de l'office, le prêtre ayant communié, le diacre invite le peuple à s'approcher pour participer au saint Sacrement; il dit:

— Approchez-vous avec crainte et avec foi, et communiez saintement.

Et le peuple s'exécute. Cependant, avant d'expliquer le mode de communion en usage dans l'Eglise arménienne, il est nécessaire de parler ici de la Liturgie arménienne.

LITURGIE

DE

L'ÉGLISE ARMÉNIENNE

—⧉—

Liturgie. — Usages et règles que l'officiant est obligé d'obser-
ver dans la célébration de la messe. — Jours destinés à la
célébration de la messe. — Discipline concernant le prêtre
célébrant. — Préparation de l'hostie pour la sainte Eu-
charistie. — Pain bénit pour être distribué à la fin de la
messe.

Il n'est pas de doute que, parmi les plus grandes
gloires des Arméniens, on doit compter leurs cérémonies religieuses. Leur Liturgie nationale peut être
rangée parmi les plus anciennes et les plus belles
Liturgies des Eglises orientales. Pour retracer son
origine, il faut remonter jusqu'au commencement du
quatrième siècle, au temps de St-Grégoire l'Illuminateur : c'est alors qu'elle fut formée sur le modèle
des Liturgies de St-Basile et de St.-Athanase. Plus
tard, et principalement au commencement du cin-

quième siècle, la Liturgie arménienne a été mieux ordonnée et augmentée, et les Arméniens venus plus tard, fiers de ce que leurs ancêtres leur avaient transmis, l'ont toujours conservée dans toute son intégrité.

C'est un ancien usage national parmi les Arméniens de célébrer la messe avec grande pompe et beaucoup de chants. Ainsi ils n'ont pas l'usage des Latins de dire la messe basse. A cette règle cependant font exception les Arméniens catholiques, ou ceux qui suivent les doctrines de l'Eglise romaine, lesquels ont introduit cet usage latin dans leurs cérémonies religieuses.

Aussi l'on ne célèbre qu'une seule grand'messe par jour sur le même autel. Si, cependant, il y a plus d'un autel dans une même église, et qu'il soit nécessaire, on célèbre aussi successivement d'autres messes sur les autres autels.

Les jours destinés pour la célébration de la sainte messe sont les Dominicaux et les jours où l'on fait la commémoraison des Saints. Pendant le carême, on ne célèbre la messe que le samedi et le dimanche. Egalement on ne célèbre pas de messe dans quelques semaines consacrées au jeûne, ni non plus le mercredi et le vendredi, jours destinés au jeûne et dans lesquels on ne fait point de commémoraison des Saints.

Le clergé arménien est composé de prêtres réguliers ou religieux, et de prêtres séculiers ou prêtres mariés.

Un prêtre régulier, selon le canon porté par St.-Thaddé, doit se préparer à célébrer le saint Sacrement de la sainte Eucharistie, en veillant la nuit à la prière et en jeûnant, car il doit entrer en conférence avec Dieu. –

Quant aux prêtres mariés, il leur est enjoint dans les canons du même Apôtre, de se séparer de leurs femmes trois jours auparavant et ensuite de célébrer la messe. Cependant, l'usage actuel est qu'ils doivent quitter leurs femmes et leurs maisons huit jours avant de commencer le service de leur ministère, se retirant dans l'église.

Le temps qu'ils doivent rester à l'église varie néanmoins selon les communautés et le nombre des prêtres. Leur fonction quelquefois dure huit jours, parfois quinze, et même, quand le nombre des prêtres est très-petit, un mois. D'autres alors vont les remplacer, et eux retournent à leurs maisons et à leurs occupations.

Quand ils sont retirés à l'église, leur devoir est de se lever de très-bonne heure et de commencer à réciter les psaumes, jusqu'à ce que le peuple se recueille dans l'église; alors ils commencent le service divin en récitant les heures canoniques, qui sont, aussi dans l'église arménienne, au nombre de sept.

C'est le devoir du prêtre de préparer l'hostie dont on doit se servir pour la consécration de la sainte Eucharistie. Il est défendu par le 22me canon du Pontife arménien Sion, que des laïques s'entremêlent dans cette affaire. Les prêtres eux-mêmes préparent le meilleur blé et le réduisent en farine. Ils font de même pour le vin ; car ils choisissent eux-mêmes le meilleur raisin, et pendant qu'ils récitent certaines prières ils le pressent pour en faire sortir le jus qu'on conserve pour s'en servir seulement à l'usage du saint Sacrement.

Le pain ou l'hostie pour la sainte Eucharistie est préparé chaque jour dans la sacristie de l'église par le prêtre officiant. Ce dernier proportionne l'hostie au nombre des communiants, s'il y en a ; car dans la messe on ne consacre qu'une seule hostie dont la grandeur varie selon le nombre des fidèles. Elle porte toujours d'un côté l'empreinte d'un crucifix ou d'un Agnus Dei.

Cependant, le prêtre prépare aussi d'autres hosties, lesquelles étant bénites au commencement de la messe, doivent être distribuées à la fin au peuple présent, et principalement à ceux qui ayant offert des aumônes à l'église se sont recommandés aux prières du prêtre officiant, ou l'ont prié de faire la commémoraison de leurs morts devant le saint Sacrement.

VÊTEMENTS D'ÉGLISE.

Quand le temps de commencer la célébration de la messe arrive, le célébrant se retire dans la sacristie et fait sa préparation en récitant le 132me psaume et quelques autres prières. Cela fini, il commence à se revêtir des ornements sacerdotaux, qui sont très-somptueux.

La *couronne*. — Le diacre qui aide le célébrant à se revêtir des ornements, commence par lui mettre sur la tête le *saghavard* ou casque, qui est un bonnet rond avec une couronne richement brodée en or et en perles; sur le sommet il y a une figure du monde faite d'émail, d'or ou de diamants, et surmontée d'une petite croix.

Les évêques portent la mitre latine, qui a été introduite dans le douzième siècle, lorsqu'une correspondance s'étant établie entre le Pontife arménien Grégoire et le Pape Lucius, ce dernier envoya au premier une mitre richement brodée et un pallium. Jusqu'alors les évêques arméniens se servaient du casque ou de la couronne grecque; mais en commençant à faire usage de la mitre latine, ils passèrent la couronne grecque aux prêtres.

L'aube. — Le diacre revêt ensuite le célébrant du *chabigue* ou aube qui n'est pas aussi large que celui des Latins, et est fait ordinairement de lin ou de diverses étoffes.

Les *manches.* — Ensuite il lui passe à chacun des bras les *pasban* ou manches qui les lui couvrent jusqu'au coude, et qui sont faites de la même étoffe que le reste des vêtements.

L'étole. — Il lui passe ensuite au cou l'*ourare* ou étole toute brodée de croix qui, au contraire de celle des Latins, est unie de manière à ne laisser qu'un espace pour la passer au cou ; elle tombe par-devant jusqu'aux pieds.

La *ceinture.* — L'étole, ainsi que l'aube, est serrée par la boucle d'or de la ceinture, ou par deux franges attachées aux extrémités de cette dernière.

L'écu. — Si le célébrant est un évêque, il porte aussi du côté droit le *gonker* ou écu — l'*epigonation* ou l'*enchirion* des Grecs, — attaché à la ceinture [1].

Le *superhuméral.*—Le diacre ensuite met sur les épaules du prêtre le *ragas* ou superhuméral, large collier d'étoffe précieuse, qui repose sur les épaules et au bout duquel est attaché l'amict.

La *chape.* — A la fin, le diacre couvre le prêtre du *chourtchar* ou chape, manteau long et large en forme d'hémicycle, comme le pluvial latin, et qui n'est pas fermé par-devant comme celui des Grecs.

Le prêtre, en revêtant ces différents ornements, récite des prières adaptées à la signification mystique de chacun.

---

[1] Cet ornement pontifical semble être l'emblème du linge que Notre-Seigneur mit autour de lui, lorsqu'il lava les pieds de ses disciples : voulant ainsi signifier que celui qui est grand par sa dignité ne doit pas oublier qu'il est le serviteur de tous. C'est un ornement commun dans toutes les églises d'Orient.

Les évêques portent aussi le pallium long — l'*o-mophoron* des Grecs, — qui pend par-devant et par-derrière, en passant par-dessus les épaules.

Toutes les couleurs, à l'exception du noir, sont en usage dans l'église arménienne, sans aucune distinction de jour.

Enseignes. — Les évêques portent une crosse comme celle des Latins.

Les Vartabieds ou Prêtres docteurs en théologie, portent aussi une crosse particulière, formée de deux serpents enroulés l'un dans l'autre au bout d'une longue baguette, le serpent étant l'emblème de la prudence, vertu indispensable à ceux qui annoncent la parole de Dieu. Ces insignes symboliques, ainsi que la croix et le blason du diocèse, précèdent le célébrant quand il se dirige vers l'autel, et quand il en descend pour encenser le peuple. Les jeunes clercs qui portent les enseignes, avec ceux qui portent le pallium et la mitre, se rangent sur les gradins de l'autel durant toute la messe.

Pendant la liturgie on allume nombre de cierges et de lampes, dont une brûle toujours devant le Sanctuaire.

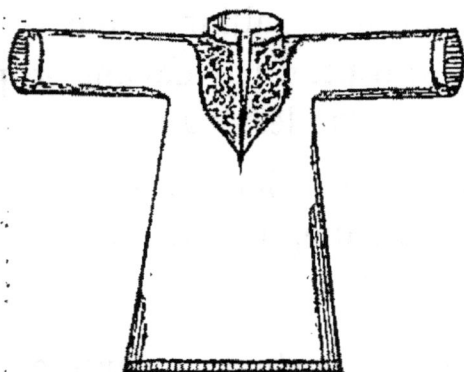

Diacres servants. — Or-
dinairement, selon le rang
du célébrant et la solen-
nité du jour, il y a deux,
quatre, six diacres et plus
encore qui accompagnent
le célébrant à l'autel. Ils
portent des aubes faites d'étoffe précieuse qui leur
descendent jusqu'aux talons, et qui portent des croix
brodées sur le dos, la poitrine et les épaules.

Sur cette aube il y a une étole brodée de
croix : elle est mise obliquement et va de l'é-
paule gauche sous le bras droit.

Les sous-diacres portent des aubes et l'étole sur leur
bras droit; les clercs portent seulement des aubes
sans étole.

Musique. — Il n'y a point d'instruments de musique ou plutôt point d'orgue dans l'église arménienne. Les chants sont composés dans un style musical
conforme au génie et au goût des peuples orientaux.
Cette musique, exclusivement vocale, est si naturelle
et harmonieuse que beaucoup de voyageurs qui ont

eu l'occasion d'assister au service divin, l'ont trou-
vée très-agréable[1]. Cependant les Arméniens accompagnent quelquefois leurs chants de quelques instruments métalliques appelés *kechotz, zinzgha,* etc. Le
premier est l'instrument nommé en latin *flabellum ;*
c'est un Chérubin à plusieurs ailes, chargé de petites sonnettes ; il est attaché au bout d'une longue
baguette que l'on secoue à différents endroits de la
messe, dans le même but que les clochettes latines
dont il tient lieu. Le second instrument se compose
de deux plaques de bronze, comme les cymbales des
musiques militaires, qui donnent un son éclatant
quand on les frappe l'une contre l'autre.

[1] La musique de la liturgie arménienne, mise en notes européennes,
a été publiée par la Congrégation des Mekhitharistes de St. Lazare-
Venise.

INTRODUCTION A LA SAINTE MESSE.

—

Pendant que le ministre officiant est occupé à revêtir ses ornements sacerdotaux, les clercs, couverts de riches aubes, forment un hémicycle dans le chœur et chantent cette hymne célèbre, composée par Khatchadour Vartabied vers l'an 1205 ; elle débute ainsi : « O mystère profond et incompréhensible, sans commencement, » etc.; elle est relative à l'habillement du prêtre.

Quand le célébrant a revêtu tous ses ornements, il s'avance, précédé par les diacres, vers le sanctuaire et s'approche de l'autel pour commencer la liturgie. Les diacres lui présentent de l'eau pour se laver les mains, cérémonie pendant laquelle il récite alternativement avec le protodiacre le 26me psaume, et ensuite la liturgie commence.

COMMENCEMENT DE LA MESSE.

La liturgie arménienne, comme celle des Latins et celle des Grecs, se divise en trois parties : la *Préparation*, le *Canon* et la *Conclusion*.

LA PRÉPARATION.

Cette première partie est aussi appelée la Liturgie des Catéchumènes qui se prolonge jusqu'au lavement des mains, quand le diacre ordonne aux catéchumènes de quitter l'église.

Le célébrant commence cette partie en se signant de la croix et en récitant quelques prières pour implorer l'intercession de la sainte et immaculée Vierge, Mère de Dieu ; ensuite se tournant vers le peuple, il fait, d'une voix claire, son acte de confession. En même temps le principal dignitaire du chœur s'avançant, récite, au nom de tous, la prière pour l'absolution du célébrant, et ce dernier prononce immédiatement une autre prière de même sens pour tout le peuple présent. Après quoi, il commence à gravir les marches de l'autel l'une après l'autre, tout en récitant alternativement avec le diacre le psaume 42me [1]. Ensuite, célébrant et diacres, étant

---

[1] Cette partie préparatoire de la Liturgie arménienne, telle qu'elle est en usage à présent dans l'église arménienne, a été introduite, à ce qu'il paraît, après le douzième siècle, de la Liturgie latine. Car St. Nersès de Lampron, un saint du douzième siècle, nous ayant laissé son ouvrage précieux intitulé : « Commentaires de la Liturgie arménienne », qu'il a écrit après beaucoup de recherches, ne fait pas même mention de cette partie du commencement. Sa liturgie commence comme il suit :

« Quand le célébrant doit célébrer la sainte messe, il entre, en compagnie de ses diacres, dans la sacristie, et ces derniers s'étant revêtus de

montés dans le sanctuaire, le grand rideau, dont nous avons déjà fait mention, est fermé [1] et le célébrant reçoit du diacre le pain et le vin qui doivent être consacrés, et dépose l'un sur la patène et en verse de l'autre dans le calice [2] en récitant quelques prières appropriées à la cérémonie.

Pendant qu'on prépare les offrandes, les clercs chantent des mélodies ou quelques hymnes en rapport avec le mystère du jour. On ouvre ensuite le

leurs habits, le célébrant commence à réciter alternativement avec eux le psaume : « Seigneur, souvenez-vous de David, » et ensuite les autres prières préparatoires ; celles-ci finies, il commence à revêtir ses propres ornements sacerdotaux, en disant pour chacun des prières symboliques adaptées.

« Si le célébrant est évêque, il s'approche de l'autel, se met à genoux et récite les deux prières adressées au Saint-Esprit. Mais s'il n'est que prêtre, il s'avance immédiatement à l'autel, prend l'hostie — qui n'est que du pain — des mains du diacre, et la dépose sur la patène en disant : « Commémoraison de notre Seigneur Jésus-Christ. » Puis prenant le vin, il en verse dans le calice en forme de croix et dit : « En mémoire de l'Incarnation salutaire du Seigneur notre Dieu et Rédempteur Jésus-Christ. » Ensuite il récite sur les oblations une prière de St. Jean-Chrysostôme, à la fin de laquelle il couvre le calice, prend l'encensoir, encense l'autel et les oblations, et ensuite descend dans l'église, encense le peuple, et de nouveau remonte à l'autel, lorsque le diacre dit, » etc.

Le reste, avec quelque différence, se poursuit comme dans la liturgie en usage.

1 Si le célébrant est évêque, avant de fermer le rideau, il s'agenouille devant l'autel avec ses diacres, dont deux passent derrière lui et lui soulèvent la mitre, et en même temps il récite à voix basse deux belles prières en l'honneur de l'Esprit-Saint, consommateur des saints mystères. L'auteur de ces deux prières est le célèbre docteur St. Grégoire Naregatzi, du dixième siècle.

2 Les Arméniens catholiques romains, suivant le rite latin, ajoutent au vin dans le calice quelques gouttes d'eau.

rideau et le célébrant tenant l'encensoir dans la main, encense d'abord l'autel, puis les oblations. Il descend ensuite du sanctuaire dans le choeur pour encenser le peuple présent qui, se tenant debout, fait le signe de la croix. Cela fini, le célébrant remonte jusqu'au gradin supérieur du sanctuaire et le diacre dit :

— Bénissez, Père.

Et le prêtre ajoute :

— Béni soit le règne du Père, du Fils et de l'Esprit-Saint, maintenant, et dans les siècles des siècles.

Alors un des clercs s'avançant dit l'Introït propre de la fête du jour et le célébrant, tout en récitant une prière attribuée à St. Jean-Chrysostôme, s'approche de l'autel.

Les clercs dans le choeur chantent alors une hymne propre du jour, pendant que le célébrant prie tout bas ; et à la fin, invité par le diacre à donner la bénédiction, il dit à haute voix :

— Parce qu'à vous appartient la puissance, la vertu et la gloire dans les siècles des siècles. Ainsi soit-il.

Et le diacre ajoute :

— Proschume. — Ce mot grec signifie : « Soyons attentifs. »

Alors deux des jeunes clercs dans le choeur chantent, d'une voix mélodieuse, le Trisagion :

— Dieu saint, saint et fort, saint et immortel [1], ayez pitié de nous.

Et quand ils sont arrivés à ces dernières paroles, le choeur entier reprend unanimement et répète trois fois le même Trisagion.

Pendant qu'on chante le Trisagion, un des diacres s'avance vers l'autel, prend le saint Evangile et le soulevant de ses deux mains en haut, va processionellement autour de l'autel précédé du Protodiacre qui encense l'Evangile, et suivi de deux autres diacres qui agitent les flabelles. Lorsqu'ils sont arrivés devant l'autel, après en avoir fait le tour de même, le protodiacre descend du sanctuaire et va inviter un des premiers du peuple à venir à l'autel baiser l'Evangile et recevoir la bénédiction du célébrant.

Le Trisagion fini, les diacres et les clercs récitent

1 Le Trisagion est adressé par l'Eglise arménienne à Jésus-Christ, l'auteur divin des Evangiles. C'est pourquoi les Arméniens, à ce point, et selon la fête du jour, ajoutent : « *vous qui avez été crucifié pour nous;* » ou bien : « *qui êtes ressuscité des morts, ayez pitié de nous;* » ou : « *qui êtes monté avec gloire aux cieux vers le Père, ayez pitié de nous* » ; ou : « *qui êtes venu et qui reviendrez,* » etc. Il est donc évident, par ces mêmes additions, que ce n'est pas à la Sainte-Trinité que le Trisagion est adressé, et c'est par suite de l'ignorance de leurs adversaires qu'ils ont été accusés d'hérésie, comme si par ces additions ils entendaient que la Très-sainte Trinité fût morte et ressuscitée. Par conséquent les Arméniens catholiques se conformant à un ordre de Rome pour éloigner tout scandale et tout ennui, supprimèrent ces dernières additions et chantent le Trisagion comme nous l'avons exposé plus haut.

alternativement entre eux des invocations de paix
et de miséricorde pour tous les évêques orthodoxes,
pour le patriarche, pour tous les ordres de la hiérarchie ecclésiastique, pour les rois, pour les princes,
pour les armées des chrétiens, pour tout le peuple et
pour les âmes des fidèles morts, pour l'unité de l'E-
glise et pour eux-mêmes, en s'écriant trois fois :

— Seigneur, ayez pitié de nous.

Aussitôt après, on lit les prophéties et les épîtres
propres du jour, puis les diacres ordonnent au peuple
de *« rester debout, d'écouter les paroles du saint E-
vangile, et d'être attentifs et respectueux, car c'est Dieu
qui parle. »*

Alors le diacre qui doit lire l'Evangile, se tourne
vers le peuple, et tenant le saint livre avec un voile
richement brodé, répète les saintes paroles, pendant
que le Protodiacre debout dans le choeur, encense
continuellement le saint livre.

La lecture de l'Evangile finie, le même diacre se
tourne vers l'autel et récite le Credo, à la fin duquel
commencent les prières de l'oblation ; deux des diacres transportent processionellement à l'autel les offrandes au milieu de l'harmonie des flabelles, et des
chants du choeur comme il suit :

— Le corps du Seigneur et le sang du Rédempteur sont devant nous. Les célestes vertus chantent
invisiblement et disent d'une voix ininterrompue :
Saint, Saint, Saint, le Seigneur, le Dieu des armées !

Le célébrant [1] qui jusque là tenait sa tête couverte de la couronne sacerdotale, en ce moment se découvre, et recevant les offrandes des mains du diacre, les dépose sur l'autel, les encense, et ensuite se lave les mains. Puis étendant les bras, il récite une prière attribuée à St. Athanase, dans laquelle il demande suppliant que les saintes offrandes puissent être changées dans le vrai corps et le vrai sang de Jésus-Christ.

En même temps on donne le salut, le diacre le porte aux autres, les catéchumènes et ceux qui ne sont pas aptes à participer au mystère divin, sont renvoyés aux portes de l'église pendant que les clercs chantent l'hagiologie :

— Saint, Saint, Saint, Dieu des armées. Les cieux et la terre sont pleins de votre gloire; bénédiction au plus haut des cieux; soyez béni, vous qui êtes venu et allez venir au nom du Seigneur : hosanna au plus haut des cieux !

LE CANON.

À la fin de l'hagiologie, diacres, clercs et peuple s'agenouillent, et le célébrant ayant récité à voix basse les paroles suivantes :

[1] S'il est évêque, en cet instant on tire le grand rideau, et il se dépouille de tous les vêtements d'honneur, tels que le pallium, la mitre, la croix, la bague ; et ensuite on ouvre de nouveau le rideau, et l'évêque se présente au peuple avec l'extérieur d'un simple prêtre.

— Puis prenant le pain dans ses mains saintes, divines, immaculées et vénérables, il le bénit, ✠ rendit grâces, le rompit, le donna à ses disciples élus, saints, assis à table avec lui, en disant :

Il récite à haute voix les paroles sacramentelles :

— Prenez et mangez, ceci est mon corps qui est distribué pour vous et pour plusieurs, en expiation et pardon des péchés.

LES CLERCS. — Amen.

Le prêtre de nouveau dit à voix basse :

— Semblablement ayant pris le calice, il le bénit, ✠ rendit grâces, en but, le donna à ses disciples élus, saints, assis à table avec lui en disant :

A haute voix : — Buvez-en tous, ceci est mon sang, le sang de la Nouvelle Alliance, qui est répandu pour vous et pour plusieurs, en expiation et pardon des péchés [1].

Les clercs répondent :

— Amen. O Père céleste qui avez livré pour nous à la mort votre Fils accablé sous le poids de nos dettes ; par son sang répandu pour nous, nous vous prions de faire miséricorde à votre troupeau raisonnable.

---

1 A l'égard de la transsubstantiation la croyance de l'Eglise arménienne est la même que celle des Eglises latine et grecque. Elle croit qu'en vertu de ces paroles, prononcées par le prêtre célébrant, le pain est changé dans le vrai corps de notre Seigneur, et le vin en son vrai sang.

Le célébrant alors récite quelques prières par lesquelles, il invoque le Saint-Esprit, les clercs lui répondent par des hymnes, et les diacres font la commémoration des principaux saints, en commençant par les apôtres et en continuant jusqu'aux vierges et aux anachorètes. Puis le célébrant prie à haute voix pour le suprême patriarche de la nation : *que Dieu lui donne longue vie et le maintienne dans la droite doctrine ;* les diacres ajoutent une autre prière dans laquelle ils invoquent de même une vie de sainteté, de charité, de constance et de paix pour tout le monde, pour la sainte Eglise catholique, pour leur patriarche, pour tous les évêques orthodoxes et pour l'archévêque ou évêque diocésain, ainsi que pour le prêtre célébrant.

Cela fini, le choeur et le peuple chantent avec grande pompe l'oraison dominicale ; ensuite, et après de quelques courtes prières du célébrant, on passe à l'élévation du saint Sacrement.

LE DIACRE. — Proschume, *signifiant soyez attentifs.*

Et le prêtre prenant la sainte hostie et l'élevant, dit à haute voix :

— A la Sainteté des saints.

Le peuple voyant avec foi son Dieu dans la sainte Eucharistie, se prosterne et adore, et le choeur tout ému d'une sainte crainte chante d'une voix douce :

— Seul Saint, seul Seigneur Jésus-Christ dans la gloire de Dieu le Père. Ainsi soit-il.

DIACRE. — Bénissez, Père.

PRÊTRE. — Béni soit le Père saint, vrai Dieu.

CLERCS. — Amen.

DIACRE. — Bénissez, Père.

PRÊTRE. — Béni soit le Fils saint, vrai Dieu.

CLERCS. — Amen.

DIACRE. — Bénissez, Père.

PRÊTRE. — Béni soit l'Esprit-Saint, vrai Dieu.

CLERCS. — Amen.

DIACRE. — Bénissez, Père.

Et le prêtre élevant le calice dit :

— Bénédiction et gloire au Père, et au Fils, et à l'Esprit-Saint, maintenant et dans les siècles des siècles.

CLERCS. — Amen. Père saint, Fils saint, Esprit-Saint ; bénédiction au Père, et au Fils, et à l'Esprit-Saint, maintenant, et dans les siècles des siècles.

Pendant que les clercs chantent, le célébrant récite des prières à voix basse ; et ensuite invité par le diacre à donner la bénédiction, il prend le saint Sacrement ; tenant d'une main la sainte hostie, de l'autre le saint calice, et se tournant vers le peuple il fait le signe de la croix et dit à haute voix :

— Goûtons saintement au saint, saint et précieux corps et sang de notre Seigneur et Rédempteur

Jésus-Christ, qui descendu du ciel, est distribué parmi nous ; il est la vie, ✠ l'espérance de la résurrection, l'expiation et le pardon des péchés. Psalmodiez au Seigneur notre Dieu, psalmodiez à notre roi immortel assis sur le trône que portent les Chérubins.

Tous se prosternent humblement et adorent le très-saint Sacrement, et le diacre ajoute immédiatement :

— Psalmodiez, ô clercs, au Seigneur notre Dieu, du ton le plus suave dites des cantiques spirituels, parcequ'à lui conviennent les psaumes et les bénédictions, l'alleluja et les cantiques spirituels. Dites, ô ministres, des psaumes dans votre chant, et bénissez le Seigneur dans les cieux.

Et le choeur en même temps répondant à l'invitation du diacre, chante d'un ton suave :

— Le Christ immolé est distribué parmi nous. Alleluja.

Il nous donne son corps en nourriture, et il répand son divin sang sur nous. Alleluja.

Approchez-vous du Seigneur et remplissez-vous de sa lumière. Alleluja.

Goûtez et voyez combien le Seigneur est doux. Alleluja.

Bénissez le Seigneur dans les cieux. Alleluja.

Bénissez-le sur les hauteurs. Alleluja.

Bénissez-le, tous les Anges de sa cour. Alleluja.

Bénissez-le, toutes ses Vertus. Alleluja.

La Communion.

Quand les clercs commencent à chanter le dernier cantique, on tire le petit rideau, et le célébrant divisant au-dessus du calice la sainte hostie en quatre parties, en plonge trois dans le calice, et tenant la quatrième dans la main, récite quelques prières à voix basse et à la fin dit :

— Je crois fermement en la très-sainte Trinité : Père, Fils et Esprit-Saint.

Et ce disant, il se communie avec cette partie qu'il tient dans la main, en ajoutant à l'action ces paroles :

— Je goûte avec foi ton Corps saint et vivificateur, ô mon Dieu, Jésus-Christ, pour la rémission de mes péchés.

Ensuite il boit une partie du calice en disant :

— Je bois avec foi ton Sang vivificateur, ô Jésus mon Dieu, pour la rémission de mes péchés.

Puis il fait le signe de la croix sur sa bouche et continue de dire :

— Que votre Corps incorruptible soit pour moi ✠ une source de vie ; et votre sacré Sang une source de propitiation et de rémission de mes péchés.

Il divise ensuite en particules le reste de la sainte

Hostie dans le calice, et le petit rideau étant ouvert, il se tourne vers le peuple en tenant le saint Sacrement, pendant que le diacre dit à haute voix :

— Approchez-vous avec crainte et avec foi, et communiez saintement.

Les clercs répondent :

— Notre Dieu, notre Seigneur nous est apparu. Béni soit celui qui est venu au nom du Seigneur.

Communion du Peuple.

Le clergé, ainsi que ceux du peuple qui sont préparés pour la Communion, s'avancent à l'entrée du Sanctuaire. Le célébrant vient vers eux et prenant de petites particules du calice qui sont déjà baignées du sang sacré, il les dépose sur la langue des fidèles.

Quant aux diacres, il les place sur la paume de leur main, selon le rite des chrétiens des premiers siècles.

Pour les prêtres, s'il y en a quelques-uns pour se communier, ils prennent eux-mêmes avec leurs propres mains du calice des particules, et boivent aussi quelque peu du précieux Sang.

Pendant la communion du peuple le choeur chante une hymne très-belle qui commence par ces mots :

« O Eglise, mère de la foi, asile de noces sacrées,

splendide chambre nuptiale ! „ etc. — par laquelle
on indique et on exalte avec une précision particulière, les principaux effets du saint Sacrement.

La communion du peuple étant finie, le célébrant
fait le signe de la croix sur lui et dit à haute voix :

— Sauvez, Seigneur ✠ votre peuple, et bénissez
votre héritage, gouvernez-le, exaltez-le, dès à présent jusqu'à la fin des siècles.

LA CONCLUSION.

On ferme alors le grand rideau, et le célébrant,
s'il est évêque, se revêt de nouveau des habits d'honneur, dont il s'était dépouillé au moment de l'offer-
toire ; s'il n'est que prêtre, il remet de nouveau sa
couronne sacerdotale, il récite quelques prières d'actions de grâce, puis le rideau est ouvert et il se présente au peuple, ayant à chaque côté ses diacres, et
récitant à haute voix quelque prière.

A la fin les clercs chantent trois fois :

— Béni soit le nom du Seigneur, maintenant et
jusqu'à la fin des siècles.

CÉLÉBRANT. — Accomplissement de la loi et des
prophéties, Christ Dieu, notre Rédempteur, qui avez
rempli toutes les prescriptions ordonnées par le Père,
remplissez-nous encore de votre Esprit-Saint.

Les diacres ensuite ordonnant au peuple *d'écouter*

avec crainte, le célébrant lit l'Evangile selon Saint-Jean [1], ch. I, jusqu'au v. 18.

La lecture de l'Evangile finie les clercs disent :

— Gloire à vous, Seigneur notre Dieu !

DIACRE. — Par la sainte Croix, prions le Seigneur, afin que par elle il nous délivre du péché et nous sauve par la grâce de sa miséricorde. Seigneur tout-puissant, notre Dieu, sauvez-nous, faites-nous miséricorde.

Le célébrant, trois fois :

— Seigneur, faites-nous miséricorde.

Ensuite il ajoute :

— Gardez-nous en paix, Christ notre Dieu, à l'ombre de votre sainte et vénérable croix ; délivrez-nous de l'ennemi visible et invisible, rendez-nous dignes de vous remercier et de vous glorifier avec le Père et avec l'Esprit-Saint, maintenant, et dans les siècles des siècles.

CLERCS. — Je bénirai en tout temps le Seigneur, sa louange sera toujours dans ma bouche.

1 Cette partie de la conclusion de la messe est une autre addition prise de la liturgie latine et introduite après le douzième siècle. Avant cette époque la messe arménienne terminait ici avec le premier verset du 34me psaume que les clercs chantent : — Je bénirai en tout temps le Seigneur, etc.

Le célébrant en faisant le signe de la croix sur le peuple dit :

— Soyez bénis ✠ par la grâce de l'Esprit-Saint ; allez en paix, et que le Seigneur soit avec vous tous ! Amen.

Distribution du pain bénit.

C'est ainsi que finit la liturgie. On passe alors à la distribution du pain bénit que nous avons mentionné plus haut, usage qui est commun dans toutes les églises d'Orient.

Ce pain est aussi préparé par le prêtre officiant, comme nous avons dit plus haut, avec l'hostie pour la sainte Eucharistie. Et quand, au commencement de la messe, le célébrant s'approche de la niche à droite de l'autel où est placé le calice, pour préparer le pain et le vin qui doivent être consacrés, le diacre lui présente dans un plateau d'argent les hosties qu'il bénit et il en prend une pour la consacrer ; les autres, il les laisse dans le plateau d'argent pour être distribuées au peuple.

L'origine de cet usage est très-ancien.

Dans les premiers siècles, lorsque la ferveur du christianisme était dans toute sa force, toute la congrégation présente à la cérémonie sainte, participait au saint Sacrement en recevant la communion, et c'était seulement aux catéchumènes qu'on distribuait un morceau de pain bénit, comme pour les préparer à la sainte communion. Mais dans les siècles suivants, la ferveur des fidèles diminuant continuellement, très-rares étaient ceux qui méritaient de participer à la sainte communion. De sorte que l'Eglise, pour conserver le souvenir d'un usage aussi pieux, commença à distribuer le pain bénit à toute la congrégation présente, entendant exprimer par cet acte son désir de faire participer spirituellement à la cérémonie sainte tout le peuple présent.

VII

LE SAINT SACREMENT DE L'EXTRÊME ONCTION.

Sur ce sujet la doctrine de l'Eglise arménienne est que l'Extrême-Onction est un des sept Sacrements de l Eglise.

Ce Sacrement, d'après nos anciens manuscrits, était administré jusqu'au xivme siècle de la manière suivante.

Des prêtres, au nombre de sept, vêtus de leurs habits sacerdotaux, se rassemblaient dans la chambre du malade, où une lampe à sept mèches, remplie d'huile d'olive, était placée sur une espèce d'autel. On chantait une hymne au Saint-Esprit; ensuite chacun des prêtres disait sur l'huile une prière, après laquelle on récitait alternativement les psaumes 51 et 41.

A la fin, on lisait cette partie de l'épître de St. Jacques où il parle de l'institution de ce Sacrement [1]. On ajoutait le 6me psaume, et ensuite on faisait cette lecture de l'Evangile de St. Marc où sont racontées les guérisons opérées par les Apôtres moyennant une onction sur les malades avec de l'huile [2].

[1] Ch. v. 14-20.
[2] St. Marc. vi, 7-13.

Puis le plus âgé des prêtres récitait une prière et le Credo, et allumait une des sept mèches de la lampe. Les autres six prêtres suivaient l'exemple du premier, chacun faisant des lectures des Epîtres, des Evangiles, le tout accompagné d'une prière, du Credo, et enfin allumaient une des mèches de la lampe.

La bénédiction de l'huile étant ainsi terminée, ils approchaient la lampe du malade, et trois des prêtres se plaçaient à sa droite pendant que les autres prenaient leur place à sa gauche. Alors le septième, c'est-à-dire le plus âgé, s'approchait du malade, lui plaçait sur la tête le livre des Evangiles, et avec l'huile de la lampe lui oignait le front, la poitrine et les mains, en lui disant :

— Ton secours viendra de Dieu qui a fait le ciel et la terre.

La même cérémonie était répétée par les autres prêtres, et à la fin, le premier récitait au nom de tous, deux prières ordonnées expressement pour l'administration de ce Sacrement dans le Concile national tenu en Tevin l'an 719 sous le pontificat de Jean Otznietzi. Et avec ces prières, la cérémonie était complète, comme nous trouvons dans des anciens Rituels manuscrits conservés jusqu'à nos jours.

Cependant l'administration de ce Sacrement a été abandonnée par le clergé arménien après le XIVme siècle; et la cause d'une telle omission est attribuée à l'hérésie de ceux qui prêchaient que le Sacrement de la Pénitence était substantiellement égal à celui de l'Extrême-Onction; et aussi, que pour la rémission de toute sorte de crimes, il suffisait de se faire oindre avec l'huile des malades, sans aucune nécessité de confession sacramentale.

C'est pourquoi les évêques diocésains, voyant que l'espoir de trouver une pleine rémission des péchés par le moyen de l'Extrême-Onction à la fin de la vie, amenait la désertion des tribunaux de la pénitence; et ne trouvant aucune autre mesure capable d'extirper l'erreur, prirent à l'unanimité la résolution de ne plus administrer l'Extrême-Onction.

La conséquence d'une telle mesure obligea le peuple à revenir de son erreur et à recourir au tribunal de la Confession; mais, malheureusement, l'omission du Sacrement de l'Extrême-Onction continua depuis; de sorte que c'est de nos jours seulement que les Arméniens catholiques confessent la nécessité de ce Sacrement, et l'administrent aux mourants. Quant à l'autre rameau des Arméniens, ceux d'Etchmiadzine, tout en confessant que c'est un des Sacrements de l'Eglise, n'attachent pas à son administration la même importance qu'à celle des autres sacrements. C'est pourquoi ils la négligent.

De leur côté, les Arméniens catholiques ne suivent pas, dans l'administration de ce Sacrement, la première manière. La cérémonie en usage chez eux est plus courte et exécutée seulement par un prêtre;

celui-ci prenant l'huile avec le pouce de la main droite, oint les sept parties du corps du mourant qui sont : les yeux, les oreilles, le nez, les lèvres, les mains, les pieds et le coeur, si c'est un homme, disant à chaque onction :

— J'oins tes yeux de l'huile sainte, ✝ afin que par la grâce de notre Seigneur Jésus-Christ cette onction de l'huile te sauve de tout péché commis par la vue. Ainsi soit-il.

C'est ainsi qu'il continue les onctions sur les autres parties, en ajoutant une formule particulière adaptée à la signification de chacune.

Cependant si le malade est arrivé à ses derniers moments, la cérémonie est abrégée ; le prêtre oint immédiatement les cinq sens en disant :

— Que Dieu, par cette onction et par sa grande miséricorde, vous pardonne toutes les fautes que vous avez commises par les yeux, les oreilles, la bouche, le nez et les mains; et que notre Seigneur Jésus-Christ vous sauve de tout mal.

L'huile sainte pour l'onction des malades est toujours conservée dans l'église. Elle est ordinairement bénite par l'évêque.

VIII

LE SACREMENT DU SACERDOCE OU LES ORDRES SACRÉS.

Cérémonie du jour qui précède celui de l'ordination.
Promotion aux ordres.

L'Eglise arménienne, de toute celles d'Orient, est la plus remarquable pour la solennité qu'elle déploie à l'occasion de l'Imposition des mains. Il serait très-long de détailler ici toutes les particularités, les cérémonies, les prières, les lectures sacrées, prises des prophéties, des épîtres et des évangiles, et la magnificence des décorations du lieu saint dans ce jour. Bref, ce rite est de tous le plus solennel, et le jour choisi pour la cérémonie est ordinairement un dimanche.

L'évêque, avant la collation des ordres sacrés, examine le candidat pour savoir s'il possède toutes les conditions requises de ceux qui désirent embrasser la carrière ecclésiastique. Ces conditions sont au nombre de dix :

1 Instruction nécessaire.
2 Foi catholique et orthodoxe.
3 Bonne conduite et vie vertueuse.

4 Age règlementaire qui, selon les canons, est celui de trente ans.

5 Naissance légitime.

6 Favorable témoignage des précepteurs.

7 Conviction intime de la sublimité du sacerdoce chrétien.

8 Assurance que le candidat n'est pas déterminé dans son désir de participer aux Ordres sacrés, par quelque intérêt déshonnête, ni par la vanité de commander, ou par tout autre objet humain.

9 Vraie disposition à s'assujettir à toutes les rigueurs, veilles, jeûnes et autres peines compatibles avec une vie de mortification.

10 Constance de persévérer dans un système de vie réglée, sobre et exemplaire, comme il est nécessaire à quiconque désire être la lumière du monde, le sel de la terre, le guide du peuple et la pierre du Sanctuaire.

Tous ces points étant examinés, la veille de l'ordination, l'évêque orné de ses habits épiscopaux et accompagné du clergé, se rend à l'entrée de l'église où se trouvent les ordinands à genoux. Il s'assied sur son trône, et faisant le signe de la croix sur eux il les bénit et leur demande à quel de tous les différents ordres ils aspirent. Le doyen d'âge parmi les prêtres qui les introduit, répond pour eux et indique l'ordre qu'on demande.

L'évêque alors les conseille et leur explique la gravité de leurs aspirations ; ensuite il demande à la congrégation présente d'attester si l'on sait sur les candidats rien qui puisse les rendre impropres à l'exercice des fonctions sacrées.

CÉRÉMONIE DE LA TONSURE.

Cet examen nécessaire terminé, le jour suivant — un dimanche ordinairement comme nous l'avons dit — destiné pour l'ordination, l'évêque se rend à l'église, se revêt de ses habits épiscopaux, et suivi de tout son clergé, orné aussi de riches habits ecclésiastiques, il s'avance vers l'autel et commence la sainte liturgie. Puis, selon l'ordre qu'on doit conférer, les candidats s'avancent et se mettent à genoux devant l'évêque, qui s'assied sur son trône.

Or, voici le rite observé pour la collation des Ordres, en commençant par les Ordres mineurs.

L'évêque, après avoir récité les prières préparatoires de la liturgie, fait la procession dans l'église pour encenser le peuple, puis l'Introït étant dit, il monte sur son trône et s'y assied. Le candidat s'avance et se met à genoux devant lui. Le diacre alors fait quelques exhortations auxquelles le peuple répond par les paroles :

— Seigneur, ayez pitié.

Ensuite l'évêque récite sur le candidat deux prières dévotes. Le choeur répond en récitant des psaumes, et l'évêque coupant les cheveux du candidat
en forme de croix lui présente un psautier et lui dit:

— Soyez attentif, et faites en sorte que ce que
vous chantez avec la bouche, vous le croyiez avec
votre coeur; que ce que vous croyez dans votre coeur,
vous le montriez par vos oeuvres; et que le retran-
chement de vos cheveux puisse retrancher de votre
âme tous les désirs du monde, au nom du Père, et
du Fils et de l'Esprit-Saint. Ainsi soit-il.

En même temps le choeur chante une antiphone
et récite le 84me psaume; ensuite l'évêque présente
au candidat un balai décent et lui dit :

— Recevez le pouvoir de balayer la maison du
Seigneur et de nettoyer son temple; et que le Seigneur vous purifie des péchés. Au nom du Père, et
du Fils, et de l'Esprit-Saint. Ainsi soit-il.

A la fin, le choeur chante une hymne propre à la
cérémonie, et l'évêque revêt le candidat d'une robe
de clerc et le consigne au diacre pour l'instruire dans
ses devoirs ecclésiastiques.

Cette cérémonie est le premier pas vers les Ordres
mineurs.

PREMIER ORDRE

Le Portier.

L'évêque, en procédant à l'ordination du Portier, après les exhortations habituelles du diacre, récite une prière, et ensuite mettant les clefs de l'église dans la main du candidat, dit :

— Recevez les clefs de ce temple sacré et agissez de manière à pouvoir répondre un jour à Dieu au sujet de cet office, et de tout ce qui est assuré sous ces clefs que nous vous remettons à présent. Veillez et priez toujours quand vous ouvrez et que vous fermez les portes de l'église.

Ensuite se tournant vers le diacre, il dit :

— Instruisez-le à remplir ses devoirs dans la maison de Dieu.

Le diacre alors conduit le portier à la porte de l'église, et lui fait introduire la clef dans la serrure, pendant que le chœur chante une hymne adaptée à cet ordre.

DEUXIÈME ORDRE

Le Lecteur.

Pour l'ordination du Lecteur, l'évêque, après les exhortations et les prières, comme dans le cas précédent, présente au candidat le livre des épîtres et dit :

— Recevez ce livre et soyez le messager de la parole de Dieu dont vous devez vous instruire; et si vous remplissez vos devoirs avec toute la pureté d'esprit et de coeur, vous aurez votre place dans les rangs des saints et de ceux qui ont aimé Dieu. Et vous, frère, vous devenez Lecteur dans la maison de Dieu; cet ordre vous impose des devoirs que vous êtes obligé de remplir. Et que Dieu, dans sa libéralité, puisse vous départir les dons de sa clémence par notre Seigneur Jésus-Christ son Fils, et par la vertu de l'Esprit-Saint, maintenant et pour toujours. Ainsi soit-il.

Ce à quoi le choeur répond par une hymne.

TROISIÈME ORDRE

L'Exorciste.

Les mêmes cérémonies se répètent quand, après les prières, l'évêque présente au candidat le livre du Rituel où sont inscrits les exorcismes dont on se sert dans la cérémonie du baptême, et il lui dit :

— Recevez ceci et recueillez dans votre esprit les paroles qui y sont écrites. Je vous autorise à imposer les mains aux possédés et à ceux qui viennent recevoir le baptême, afin que vous les fassiez renoncer à l'esprit malin et qu'ainsi ils puissent glorifier le Père, le Fils et l'Esprit-Saint, maintenant et pour l'éternité. Ainsi soit-il.

Le choeur chante l'hymne appropriée à la cérémonie.

QUATRIÈME ORDRE

L'Acolyte.

Voyons maintenant comment il est procédé à la
collation de l'Ordre d'Acolyte.

Le diacre ayant fini ses exhortations, l'évêque
prononce sur le candidat deux longues prières, et
ensuite lui présente un chandelier, surmonté d'un
cierge et lui dit :

— Recevez avec ce chandelier et le cierge le pouvoir d'allumer les cierges et les lampes dans la sainte
église.

De même il lui présente une fiole vide et dit :

— Recevez cette fiole afin de verser dans le ca-
lice le vin qui doit être transformé dans le sang du
Christ. Au nom du Père, et du Fils, et de l'Esprit-
Saint. Ainsi soit-il.

On chante alors une hymne, comme pour tous les
ordres précédents, le diacre fait une exhortation, à
la fin de laquelle l'évêque récite une courte prière et
l'oraison dominicale, et ensuite on continue la liturgie jusqu'à la fin ; le nouvel ordinand reçoit la sainte
communion et reste sept jours dans l'église pour
remplir les devoirs de son ordre et s'y exercer.

Tel est le rite en vigueur chez les Arméniens pour

la collation de la tonsure et des autres ordres mineurs.

A la fin de toutes ces cérémonies le rituel porte la rubrique suivante :

— Celui qui a reçu les ordres ci-dessus peut encore se marier, mais non pas ensuite.

RÈGLES POUR LE MARIAGE DU CLERGÉ ARMÉNIEN.

Nous croyons convenable de mentionner ici les conditions qui règlent, pour le clergé arménien, l'usage de la dispense du célibat.

Si une personne mariée désire recevoir les ordres sacrés, la loi ecclésiastique ne s'oppose pas à son désir, et par conséquent elle est en droit de se faire admettre dans le Sanctuaire. Et même une fois qu'elle est investie des Ordres sacrés les plus élevés, elle peut user, mais d'une manière irréprochable, de ses droits matrimoniaux.

Il s'ensuit donc que celui qui n'a reçu que les Ordres mineurs, peut être marié légalement, et que son mariage étant valide, aucun obstacle ne peut l'empêcher d'être admis aux Ordres supérieurs.

Cependant, si une personne non mariée est promue aux Ordres sacrés les plus élevés, la loi du célibat l'oblige à rester toujours célibataire. Et si par hasard elle tente de contracter mariage, cet acte est réputé non seulement illégitime, mais encore invalide. En conséquence, s'il arrive à quelque prêtre séculier et marié de perdre sa femme, il ne peut en prendre une seconde.

Ce qui précède se réfère au clergé séculier. Quant au clergé régulier, il est rigoureusement soumis à la loi du célibat; et ce sont seulement ceux qui ne sont pas mariés qui peuvent aspirer à la vie religieuse.

De plus, aucun prêtre non célibataire ne peut être élevé à la dignité d'évêque s'il n'est veuf. C'est pourquoi dans l'Eglise arménienne toutes les hautes charges sont occupées par le clergé régulier ou non marié, ou bien par ceux d'entre les prêtres séculiers qui ont perdu leurs femmes.

IX

PROMOTION AUX ORDRES MAJEURS.

—

CINQUIÈME ORDRE

Sous-Diaconat.

L'Eglise arménienne, comme la latine, regarde l'Ordre du Sous-Diaconat comme un des Ordres majeurs, et en conséquence interdit sans restriction le mariage pour la suite.

Or voici comment s'exécute la promotion à cet Ordre sacré.

L'évêque, ayant commencé le service de la liturgie, s'assied sur son trône, le diacre lui présente le candidat et le prie de vouloir prononcer sa promotion.

L'évêque alors fait le signe de la croix sur lui, et le choeur récite le 122me psaume. On fait ensuite lecture de la prophétie d'Isaïe [1], puis de l'épître aux Hébreux [2], et enfin de l'évangile selon St. Marc [3]. Le diacre ensuite récite quelques exhortations, et l'évêque plaçant la main droite sur la tête du candidat, prononce deux prières; après quoi il le fait

1 Ch. vi, 1-10.
2 Ch. ii, 14-18.
3 Ch. x, 13-16.

habiller selon son grade, et prenant le manipule, le
met à son bras gauche et dit :

— Recevez le manipule pour la préservation de
votre âme, afin que vous puissiez servir, dans la maison de notre Seigneur Jésus-Christ, avec des mains
pures.

Il lui présente ensuite un calice vide avec une
patène et dit :

— Recevez ce saint calice, et soyez autorisé à le
porter à l'autel du Seigneur, pour le grand et précieux mystère du Christ notre Dieu, à qui appartiennent la gloire, la puissance et l'honneur, maintenant
et pour tous les siècles. Amen.

De même il lui présente les livres de la liturgie
et des lectures saintes et dit :

— Recevez les livres des Ecritures Saintes et le
pouvoir de les lire dans l'église de Dieu, pour les vivants et pour les morts, au nom du Père, et du Fils,
et de l'Esprit-Saint. Amen.

Puis il lui présente dans une corbeille décente le
linge nécessaire pour la célébration de la messe et
les vêtements sacerdotaux et dit :

— Recevez les vêtements sacrés et tous les ornements de la messe, et soyez autorisé dorénavant à
servir et à revêtir les prêtres dans l'administration
du Sacrement du Christ notre Dieu. Au nom du
Père, etc.

A la fin il lui donne des avertissements relatifs à
son ministère et dit :

— Regardez à quel ministère vous avez été appelé; car vous avez été tiré des fonctions inférieures.
Dorénavant soyez vigilant dans ce ministère; gardez-vous de la paresse; soyez chaste et fuyez la mol-
lesse. Et ce pain de propitiation que le Christ donna
à l'Eglise comme le pain de vie, soyez attentif à en
préparer autant qu'il est nécessaire pour la communion du peuple, ni plus ni moins. Dans le vase où
vous auriez lavé le corporal gardez-vous de tremper
quoi que ce soit, et l'eau dans laquelle vous l'auriez
lavé, vous la verserez dans les fonts baptismaux. Et
dans le bassin où vous auriez lavé la couverture du
saint autel, vous laverez de même les autres linges
de l'église. Je vous dis maintenant toutes ces choses, afin que vous puissiez remplir votre office avec
sollicitude et trouver faveur devant notre Dieu et
Seigneur Jésus-Christ, à qui appartiennent la gloire,
la puissance et l'honneur, maintenant, et dans les
siècles des siècles.

Le chœur répond en chantant une hymne; après
quoi le diacre fait des exhortations, puis l'évêque récite avec une courte prière l'oraison dominicale et
continue la liturgie jusqu'à la fin; le nouvel ordonné
reçoit la sainte communion et reste quinze jours
dans le Sanctuaire pour s'instruire et s'exercer dans
son nouveau ministère.

SIXIÈME ORDRE

Le Diaconat.

L'ordre de Diaconat est conféré encore avec plus de pompe ; on chante plus d'hymnes, on récite plus de psaumes et l'on fait nombre de lectures des prophéties, des épîtres, des évangiles, ainsi que des prières.

Quand après le commencement de la messe l'évêque s'assied sur son trône, le protodiacre ou le doyen des prêtres présente le candidat et dit :

— Saint Père, notre mère l'Eglise vous présente le sous-diacre (N...) et vous demande de lui conférer l'ordre du Diaconat.

Et l'évêque répond :

— Et savez-vous s'il est digne, qui il est, ou quel est son esprit et sa conduite, s'il est né de mariage légitime, et s'il possède la pureté et la sagesse nécessaires ?

A cette demande le protodiacre répond :

— En limitant à la fragilité humaine la valeur de nos affirmations, nous savons et nous témoignons qu'il a mené une vie sage et pure et qu'il est digne de porter le joug de son ordre.

Alors l'évêque fait le signe de la croix sur lui et dit :

— Par la grâce de Dieu le Père, le Fils, et l'Esprit-Saint, nous élevons le sous-diacre (N...) à l'office du diaconat. C'est pourquoi nous adressons nos supplications à Dieu miséricordieux pour qu'il veuille l'illuminer des dons de sa sainteté : par notre Seigneur Jésus-Christ, à qui appartiennent la gloire, la puissance, et l'honneur, maintenant, et dans les siècles des siècles.

Alors le candidat monte à l'autel et se met à genoux devant l'évêque qui, après quelques exhortations du diacre, place la main droite sur sa tête et récite une prière; à la fin il en ajoute encore une autre, suppliant la divine bonté d'investir le nouveau diacre des dons de l'Esprit-Saint, afin qu'il puisse administrer dignement son grade.

Ces prières finies, le chœur récite le 119me psaume, et l'évêque plaçant de nouveau sa main droite sur la tête du candidat récite deux autres prières.

Alors les diacres assistants font que le nouveau diacre se tourne vers l'occident et se mette à genoux, tenant son visage tourné vers le peuple et ses mains ouvertes et élevées comme un suppliant, pendant qu'eux, debout derrière lui, chantent trois fois ensemble :

— La divine et céleste grâce qui supplée toujours aux saintes nécessités du ministère de l'Eglise apostolique, élève maintenant (N...) de l'ordre du sous-diaconat à celui du diaconat, pour le service de l'Eglise sainte, selon son propre témoignage et celui de tout ce peuple.

A quoi le peuple répond par trois fois :

— Il est digne.

Le peuple ayant ainsi rendu témoignage, les diacres font en sorte que le postulant se tourne de nouveau et se mette à genoux devant l'évêque. Un prêtre assistant passe derrière lui et étend les mains sur ses épaules ; l'évêque alors posant la main droite sur sa tête, récite la formule suivante d'ordination :

— La divine et céleste grâce qui pourvoit toujours aux saintes nécessités du ministère de l'Eglise apostolique, élève maintenant (N...) du sous-diaconat au diaconat, pour le service de l'Eglise sainte, sur son propre témoignage et celui de tout ce peuple.

J'impose ma main sur lui ; vous tous priez, afin qu'il puisse dignement et saintement remplir les devoirs du diaconat, devant le saint autel de Dieu.

Le prêtre qui est debout derrière lui, dit trois fois :

— Seigneur, ayez pitié de lui.

Alors l'évêque récite sur le nouveau dignitaire deux prières, conjurant Dieu de lui accorder fermeté dans sa vocation, foi orthodoxe, charité fervente, habitudes sans tache, et plénitude des dons de l'Esprit-Saint, afin que, imitant les vertus du premier diacre St-Etienne, il puisse remplir saintement tous les devoirs de son ministère.

Puis viennent des lectures des psaumes, des prophéties, des épîtres, des évangiles, ensuite on continue avec la liturgie ; et quand on a récité le symbole de la foi, et transporté les offrandes à l'autel, après les commémoraisons de l'évêque ordonnateur, du nouveau diacre et du patriarche, le protodiacre invite l'évêque en répétant la formule usuelle :

— Père, bénissez.

Alors l'évêque se place de nouveau sur son trône, et pour la quatrième fois étend sa main sur la tête du nouveau diacre ; il récite deux prières, à la suite desquelles le chœur chante une invocation à St-Etienne le premier diacre.

L'évêque met à l'épaule gauche du nouveau diacre l'étole qui lui pend des deux côtés, et dit :

— Recevez cette pure et sainte étole des mains de notre Seigneur Jésus-Christ, et soyez pur de toutes les déceptions du péché. Que votre vie et votre conversation soient un exemple au peuple qui est saint par sa foi au Christ ; qu'il puisse vous voir faire les oeuvres par lesquelles vous puissiez obtenir la vie éternelle, en Jésus-Christ notre Seigneur qui est béni pour toujours. Ainsi soit-il.

Puis l'évêque lui présente le livre des Evangiles et dit :

— Recevez l'autorisation de lire le saint Evangile dans l'église de Dieu devant les vivants, et pour la commémoraison des morts, au nom de notre Seigneur. Amen.

L'évêque lui présente alors l'encensoir et dit :

— Recevez le pouvoir d'encenser et de répandre des odeurs de suavité dans l'administration du saint Sacrement.

Le nouveau diacre prend l'encensoir, et encensant l'autel trois fois, dit :

— Prions encore le Seigneur pour la paix ; recevez-nous Seigneur, sauvez-nous, faites nous miséricorde. Père, bénissez.

Et l'évêque répond trois fois :

— Bénédiction et gloire au Père, au Fils et au Saint-Esprit ; maintenant et pour toujours. Ainsi soit-il. Paix à tous.

Aussitôt après, l'évêque récite une courte prière à laquelle il ajoute l'oraison dominicale ; et la cérémonie de l'ordination accomplie, on continue la liturgie jusqu'à la fin ; le nouveau diacre prête son ministère et reçoit la sainte communion.

Pendant vingt jours consécutifs, il reste dans l'église pour s'exercer aux devoirs de son grade et les remplir.

X

LE SACERDOCE

SEPTIÈME ORDRE

Le Sacerdoce étant au premier rang parmi les ordres sacrés, les Arméniens, dans sa célébration, déploient plus de pompe encore.

A la veille du jour destiné pour la sainte ordination, après les vêpres, l'évêque revêtu de ses habits épiscopaux, et suivi de son clergé, se rend à l'église et se place sur son trône. Quelqu'un des principaux prêtres s'avance alors dans l'église, conduisant avec lui le candidat. Avant de s'approcher de l'évêque, ils s'agenouillent trois fois à différentes distances, lui demandant permission de parler. Ensuite le prêtre présente le candidat à l'évêque et le prie au nom de tout le clergé de lui conférer l'ordre de la prêtrise.

L'évêque alors fait un long examen, s'enquérant de la légitimité de sa naissance, de sa conduite, de son instruction, de la pureté de ses moeurs, et de tout ce qui importe à l'administration intègre d'un ordre aussi saint.

Le prêtre ayant témoigné en sa faveur, l'évêque demande au candidat de réciter sa confession de foi, celui-ci s'exécute immédiatement. L'évêque, après avoir signifié son approbation et supplié l'Esprit-Saint de répandre ses dons sur le candidat, lui donné sa bénédiction et se retire.

CÉRÉMONIE DE L'ORDINATION.

Le jour suivant, ordinairement un dimanche, l'évêque, à l'heure destinée, se rend à l'église, revêt dans la sacristie ses ornements épiscopaux, sort précédé de son clergé orné comme pour les grandes solennités, qui chante des hymnes et des psaumes, et s'avance à l'autel, commençant par la sainte liturgie. Après avoir préparé les oblations, encensé l'autel et le peuple, et récité quelques prières propres au jour, il prend place sur son trône.

Alors deux des plus âgés parmi les prêtres, qui ordinairement sont les premiers dignitaires dans le clergé, placent le candidat entre eux et le présentent à l'évêque, devant lequel l'ordinand s'agenouille et dont il baise les pieds. L'un des deux prêtres dit:

— St-Père, notre mère l'Eglise vous présente ce diacre (N...), et elle vous demande de lui conférer l'ordre de la prêtrise.

L'évêque à son tour:

— Et savez-vous s'il est digne, qui il est, quelle a été sa conduite, quelles ses relations ? Savez-vous s'il est né d'un mariage légitime, et s'il jouit de la réputation de sage et de chaste?

Le prêtre répond :

— Autant que la faiblesse humaine nous permet d'en juger, nous savons et nous témoignons qu'il est digne de porter le joug de cet ordre, et qu'il est connu pour sa sagesse et sa chasteté.

Alors l'évêque faisant le signe de la croix sur le candidat dit :

— Par la grâce de Dieu le Père, le Fils, et l'Esprit-Saint, j'élève le diacre (N...) à l'office de prêtre. C'est pourquoi supplions Dieu le miséricordieux de l'illuminer des dons de sa sainteté, par notre Seigneur Jésus-Christ, à qui appartiennent la gloire, la puissance et l'honneur, maintenant et toujours. Ainsi soit-il.

Le candidat alors est conduit à l'autel où il fait l'acte d'adoration, et en même temps le chœur et les diacres récitent des psaumes et des exhortations. Le prêtre assistant ayant fait de nouveau agenouiller le candidat devant l'évêque, pose les mains sur ses épaules. Après une courte exhortation du diacre, l'évêque place la main droite sur sa tête et récite deux prières ; puis, le prêtre assistant fait tourner le candidat vers l'occident et se mettre à genoux devant le peuple, tenant les mains élevées comme un suppliant, et en même temps il répète trois fois ce qui suit :

— La divine et céleste grâce, qui supplée toujours

aux saintes nécessités du ministère de l'Eglise apostolique, élève maintenant (N...) du diaconat à la prêtrise pour le service de l'Eglise sainte; sur son propre témoignage et celui de tout ce peuple.

Le peuple s'exclame par trois fois :

— Il est digne.

Le candidat alors se lève et de nouveau se met à genoux devant l'évêque qui, plaçant la main droite sur sa tête récite la formule d'ordination ainsi conçue:

— La divine et céleste grâce qui supplée toujours aux saintes nécessités du ministère de l'Eglise apostolique, élève maintenant (N...) du diaconat à la prêtrise, pour le service de l'Eglise sainte; sur son propre témoignage et celui de tout ce peuple.'

J'impose ma main sur lui; vous tous priez pour lui, afin qu'il soit digne de remplir saintement les devoirs de la prêtrise devant le saint autel du Seigneur notre Dieu.

Le prêtre aussitôt dit douze fois:

— Seigneur, ayez pitié de lui.

L'évêque ensuite, invité par le diacre à prononcer la bénédiction, place sa main droite sur la tête du candidat et récite deux prières, après lesquelles prenant de sa propre main l'étole du candidat, il la porte de l'épaule gauche à la droite, en la lui ramenant avec les deux bouts par-devant, comme une étole ordinaire; en même temps il dit:

— Prenez le joug de notre Seigneur Jésus-Christ, car son joug est doux et son fardeau léger.

On récite ensuite le 132me psaume, on fait plusieurs lectures prises des prophéties [1], des épîtres [2] et des évangiles [3], puis on dit le Credo et l'on continue la liturgie; on porte les offrandes à l'autel et l'évêque revenant à son trône, place de nouveau sa main sur la tête du nouveau prêtre et récite deux longues prières, suppliant le Seigneur de répandre sur lui tous les sept dons de l'Esprit-Saint pour qu'il puisse remplir saintement les devoirs de son ordre, prêcher les doctrines saintes, se conserver chaste, et honorer par ses vertus l'Eglise et le sacerdoce.

Cela fait, les diacres portent les ornements et les robes ecclésiastiques; et l'évêque faisant le signe de la croix sur elles les bénit et récite deux prières; il supplie Dieu de les vouloir sanctifier et de les remplir des mêmes bénédictions dont furent remplis la robe et la tiare d'Aaron, la tunique de Joseph, le manteau d'Elie, et sa propre tunique sans couture.

Sur la fin de ces deux prières, l'évêque commence à revêtir le nouveau prêtre ordonné, et d'abord lui fait passer l'avant-bras dans les manipules qui lui arrivent jusqu'au coude [4]; puis il lui passe au cou

1 Ezéch. 33, 7-9; — Mal. 2, 5-7; Isaïe 61, 1-6.
2 Ire St. Pierre 5, 1-4; — I. Timothée 1, 11-17.
3 Luc 4, 14-12.
4 Voir figures, pag. 37 et suivantes.

l'étole qui, comme nous l'avons dit, au rebours de celle des Latins, est unie par ses deux bouts et pend par-devant jusqu'aux pieds, et il dit :

— Recevez l'autorité du Saint-Esprit; car vous êtes capable de porter le joug de notre Seigneur Jésus-Christ.

Ensuite il lui pose sur la tête la couronne sacerdotale et dit :

— Prenez le casque du salut des mains de notre Seigneur Jésus-Christ.

Il lui met derrière le cou le superhuméral auquel est attaché l'amict qui lui tombe sur les épaules, et dit :

— Prenez des mains de notre Seigneur Jésus-Christ la cuirasse de la justice.

Puis il lui passe autour du corps la chape et dit :

— Notre Seigneur Jésus-Christ vous revêt des vêtements du salut et d'une robe de joie toute neuve, en conformité avec votre vie nouvelle et spirituelle.

Il noue autour de lui la ceinture, et plaçant les deux mains sur sa tête dit :

— Recevez de l'Esprit-Saint le pouvoir de lier et d'absoudre, selon les paroles de notre Seigneur aux saints Apôtres, quand il leur dit : " tout ce que vous lierez sur la terre sera aussi lié dans les cieux, et tout ce que vous délierez sur la terre sera également délié dans les cieux. Au nom du Père, et du Fils, et de l'Esprit-Saint. Ainsi soit-il.

Immédiatement après, il lui oint, avec le saint chrême, en forme de croix, les paumes des deux mains que le nouveau prêtre tient jointes. Pour cette fonction, l'évêque prend, avec son pouce de la main droite, du saint chrême, et commençant par le pouce de la main droite jusqu'à l'index de la main gauche, et du pouce gauche jusqu'à l'index droit, il oint les paumes et dit :

— Que l'onction des grâces de l'Esprit-Saint sanctifie votre âme et votre corps ; au nom du Père et du Fils et du Saint-Esprit. Ainsi soit-il.

De même il l'oint sur le front et dit :

— Que le sceau de cette onction puisse vous fortifier pour combattre contre l'ennemi. Ainsi soit-il.

A cela il ajoute encore :

— O Seigneur notre Dieu, qui avez oint ses mains dans la sainteté et la bénédiction, bénissez tout ce qu'il bénira, et confirmez et remplissez tout ce que ses mains signeront en votre nom : afin qu'il puisse être fortifié par la grâce de notre Seigneur Jésus-Christ, à qui appartient la gloire, le pouvoir et l'honneur, maintenant et dans l'éternité. Ainsi soit-il.

Pendant que l'onction continue, le chœur chante une hymne dévote qui commence ainsi :

— O Seigneur Jésus, tu nous as été donné comme un pain immortel de vie, et tu as expié le péché de notre père Adam, etc.

L'évêque, après l'onction, se lavant les mains, se place de nouveau sur son trône, et prenant un calice avec la patène et les oblations non consacrées, les présente au nouveau prêtre et dit :

— Prenez ceci, car vous avez reçu pouvoir, par la grâce de Dieu, de consacrer et de compléter le saint sacrifice au nom de notre Seigneur Jésus-Christ, pour les vivants et pour les morts.

Aussitôt qu'il a prononcé ces paroles, il l'encense trois fois et lui prescrit de donner la bénédiction. Et le nouveau prêtre s'inclinant devant l'autel et devant l'évêque, fait le signe de la croix sur le peuple et le bénit au nom du Père et du Fils et du Saint-Esprit, en ajoutant :

— La paix soit avec tous.

L'évêque alors bénit le nouveau prêtre, puis on répète quelques prières et quelques lectures des saintes Ecritures, et l'on continue la liturgie jusqu'à la fin. Et quand le moment de la sainte Communion arrive, le nouvel ordonné prend de ses propres mains des deux Espèces et se communie.

A la conclusion de la liturgie, les prêtres et tout le clergé saluent le nouveau prêtre en lui donnant le saint baiser; puis le peuple s'avance et lui baise respectueusement les mains. Il reste ensuite quarante jours dans l'église pour étudier, s'exercer dans ses devoirs, et en même temps méditer sur la sublimité de l'ordre auquel il a été appelé.

Tels sont les rites sacrés dont les Arméniens se servent pour conférer à des personnes choisies les ordres saints.

XI

CONSÉCRATION DE L'ÉVÊQUE.

Examen des évêques proposés. — Examen fail par le Pontife au candidat à l'épiscopat.

Après avoir exposé la manière de conférer les ordres saints, il nous reste à présent à dire comment les Arméniens consacrent les évêques pour remplir les lacunes causées par les décès dans l'administration des diocèses.

Quand la nécessité oblige de pourvoir au gouvernement de quelque diocèse par le choix d'un évêque, tout le clergé, tant séculier que régulier, du même diocèse, et les principaux du peuple, se réunissent et proposent un de ceux qui sont réputés le plus dignes, et qui, à la pluralité des votes, est élu pasteur.

Ainsi la personne élue, accompagnée par quelques membres du clergé, et recommandée par des certificats prouvant son mérite, est envoyée pour être consacrée, au grand Pontife ou Catholicos, à qui uniquement appartient le droit de consacrer des évêques.

A l'arrivée de l'élu, le Pontife désigne douze, six ou trois évêques pour l'examen du nouvel élu, relativement à ses qualités morales et intellectuelles. Ces évêques désignés se rassemblent à l'église, et mettant le livre des saints Evangiles devant eux, reçoivent le nouveau pasteur et vérifient l'authenticité de ses certificats. Ensuite ils s'assurent s'il a l'âge exigé par les canons, qui, pour les évêques, doit être l'âge de cinquante ans ou à-peu-près. Puis ils constatent s'il connaît les canons ecclésiastiques, s'il est versé dans la théologie et s'il est exercé dans la connaissance des Ecritures saintes; si sa croyance est bonne, pure, orthodoxe, et correspondant à celle de l'Eglise catholique et universelle.

Ils examinent ensuite sa vie privée et s'enquièrent auprès des témoins si sa conduite est pure et sainte, s'il est humble et compatissant envers les pauvres ; s'il est chaste, s'il aime la prière ; s'il est exempt d'avarice, de toute convoitise de dons, d'ivrognerie, de tout soupçon de meurtre, de fornication, d'adultère, de bigamie, etc. ; s'il est né de mariage légitime et si du côté du père comme de la mère, il descend de trois générations chastes, vertueuses et légitimes.

L'ayant trouvé pourvu de tous les dons et toutes les qualités exigés par les canons, ils l'admettent et le notifient au Pontife.

Le Pontife aussitôt prend avis des examinateurs et fixe le dimanche où la cérémonie doit avoir lieu. Cependant, la veille de ce dimanche, à l'heure des vêpres, il se rend à l'église, et revêtu d'une partie de ses habits épiscopaux, il s'assied sur son trône, la mitre en tête, le pastoral à la main et la bague au doigt. Alors la députation du siège vacant s'avance vers le Pontife, et après des génuflexions et des révérences, elle lui demande la bénédiction et s'approche de lui.

Le Pontife lui demande quel est l'objet de sa mission. Les députés répondent qu'ils sont expressément envoyés pour obtenir de lui un bon évêque pour le gouvernement de leur église.

Le Pontife leur demande si le candidat élu pour cette dignité est avec eux ; à quoi ils répondent affirmativement. Il s'enquiert ensuite si l'élu appartient à leur diocèse ou à un autre; s'il est prêtre séculier ou régulier ; s'il est marié ou non ; s'il a bien gouverné sa maison, combien d'années il a exercé le ministère sacerdotal, et quelle est l'opinion du peuple sur son honorabilité.

Les députés ayant répondu à toutes ces demandes selon la vérité et d'une manière satisfaisante, le Pontife leur demande encore s'ils ont apporté avec eux des lettres et des certificats de leur église; sur la présentation immédiate de ces pièces, il les fait lire à haute voix.

La lecture des lettres terminée, le Pontife ordonne que l'élu lui soit présenté, et en même temps les plus honorables parmi le clergé conduisent le candidat qui, s'approchant du Pontife fait trois génuflexions et lui demande sa bénédiction.

Le Pontife alors l'interroge de nouveau, en lui faisant les mêmes questions qu'aux députés, et lui demande quels sont les livres dont on fait la lecture dans son église. Le candidat, dans sa réponse, déclare que dans l'église vacante on ne lit rien autre chose que l'ancien et le nouveau Testament.

Alors le Pontife rappelle au candidat les devoirs de sa vocation, et lui promet que le lendemain, avec l'aide de Dieu, il le consacrera. Sur ce il quitte l'église.

XII

CÉRÉMONIE DE LA CONSÉCRATION DE L'ÉVÊQUE.

Introduction à la cérémonie. — Les figures symboliques. — Respects envers le Pontife. — Présentation du candidat. — Interrogations faites au candidat. — La Promotion. — L'Onction.

Le lendemain, après le service du matin, le Pontife accompagné de son clergé se rend à l'église et se revêt de ses vêtements les plus riches, ce que font aussi à son exemple les évêques assistants, les prêtres, les diacres, et tous les clercs inférieurs qui ensuite passent de la sacristie à l'église dans l'ordre suivant.

Les tonsurés s'avancent les premiers, vêtus de la robe de clerc faite d'étoffe précieuse, ayant dans leurs mains des psautiers et d'autres livres de chants et d'hymnes.

Ensuite viennent les portiers vêtus de la même manière, portant les clefs de l'église, de petites clochettes et la sainte lumière ou la torche pontificale.

Ils sont suivis par les lecteurs, vêtus d'habits de couleur rouge, portant les uns les livres des prophéties, les autres le bâton pastoral du Pontife, et le reste les crosses des évêques assistants.

Les exorcistes viennent à leur tour, revêtus d'aubes de soie de couleur de jacinthe, aux manches étroites comme celles des sous-diacres, et tenant dans leurs mains les livres des exorcismes et des crucifix.

Voici maintenant les acolytes revêtus d'aubes de couleur rouge, et dont quelques-uns portent des cierges allumés, montés sur des chandeliers d'argent, d'autres des fioles avec du vin, et d'autres encore des cruches, des cuvettes et des essuie-mains pour laver et essuyer les mains.

Derrière eux viennent les sous-diacres, revêtus d'aubes en soie selon leur ordre, avec les manches étroites et des manipules à leurs avant-bras ; quelques-uns portent le livre des Actes des Apôtres et des épîtres, quelques autres le livre de la liturgie, et d'autres encore des corporaux, des calices et des patènes vides.

Les diacres les suivent, vêtus d'aubes faites de riches étoffes, et portant des étoles qui leur pendent devant et derrière l'épaule gauche ; ils tiennent dans leurs mains le livre des Evangiles et des encensoirs fumants.

Après les diacres, viennent les prêtres vêtus de leurs habits sacerdotaux, et portant dans leurs mains des crucifix et des reliques des saints.

Ils sont suivis par les évêques, tous ornés de leurs vêtements épiscopaux, et à la fin s'avance le Patriarche, couvert de ses plus belles robes pontificales et entouré de ses archidiacres.

Après une procession de droite à gauche dans l'église, ils forment un cercle et entourent le Pontife qui monte sur son trône par sept marches.

Devant le trône, sur le pavé ou sur un riche tapis est figuré un aigle aux ailes étendues, et à une plus grande distance du trône, sont figurées trois rivières. Ces symboles, les Arméniens les ont pris des Grecs qui, par les rivières, symbolisent la sainte⁂ doctrine nécessaire à un évêque, et, par l'aigle, les dons de la science théologique et de la grâce divine.

Le Pontife s'étant assis sur son trône, l'archidiacre à haute voix invite d'abord les psalmistes et les portiers à avancer et à présenter leurs hommages au suprême chef hiérarchique de leur Eglise; et en conséquence les invités s'avancent en chantant le Trisagion. Ils se mettent à genoux devant la figure de l'aigle, appuient leurs mains sur le sol et se prosternent devant le Pontife en disant : *Is polà éti Despota,* qui en grec signifie : " *Pour beaucoup d'années Seigneur Pontife,* „ autrement " *Vive le Pontife !* „ Ayant répété ces mots, deux des plus âgés parmi eux se lèvent, montent les marches du trône et baisent la main du Pontife qui, les bénissant, dit :

— Que le Seigneur vous bénisse ✠ de Sion, Celui qui réside à Jérusalem.

Alors tous se lèvent, se partagent en deux groupes, se rangent des deux côtés du trône, faisant place pour la même cérémonie aux choeurs des Lecteurs, des Exorcistes, des Acolytes et des Sousdiacres.

Viennent ensuite les diacres, auxquels se joint aussi l'archidiacre, dont l'office est de faire les invitations; il monte sur le trône, baise la main au Pontife, qui donne la bénédiction à toute sa suite, tous les choeurs sus-mentionnés descendent de la tribune où se trouve le trône, et se placent dans le choeur.

L'archidiacre alors invite les prêtres, dont le premier par rang ou archiprêtre, s'approche du trône avec la même cérémonie, baise la main du Pontife, et reçoit sa bénédiction; toute sa suite se lève, descend dans le choeur, et chacun y prend sa place.

Alors le même prêtre ou archiprêtre invite les évêques à faire la même cérémonie; et ceux-ci s'avancent, et comme les autres chantent le Trisagion, se prosternent respectueusement devant le Pontife, reçoivent sa bénédiction, et ensuite se divisent des deux côtés du trône et y occupent leurs places.

Les évêques s'asseyent, l'archidiacre invite les princes, les principaux du peuple, puis les classes plus basses, et à la fin les pauvres, qui tous, selon qu'ils sont invités, s'avancent et font la même cérémonie. Et ainsi tout le monde reçoit la bénédiction du Pontife.

Cette cérémonie terminée, le Pontife dit :

— Le salut appartient au Seigneur ; ta bénédiction est sur ton peuple.

Le doyen du clergé accompagné du secrétaire, conduit devant le trône le nouvel élu habillé de ses robes sacerdotales. Ce dernier s'avançant vers la première des figures symboliques s'arrête, se met à genoux, pose ses mains sur le sol, se prosterne humblement et dit :

— Père, bénissez.

Ce à quoi le Pontife répond :

— Que le Seigneur nous préserve ; qu'il nous défende et nous protége.

L'évêque élu se lève alors et s'approche de la seconde rivière ; il s'y arrête de nouveau, se met à genoux et fait la même révérence en répétant les mêmes mots comme auparavant. Et le Pontife, en lui donnant sa bénédiction, dit :

— Que Celui qui est assis dans les cieux nous concède la céleste joie.

Alors les deux principaux dignitaires qui accompagnent le candidat font la présentation et disent au nom du siége vacant :

— Recevez, seigneur Pontife, à la vocation de la divine grâce, celui-ci notre frère (N...), qui est un excellent prêtre, lequel nous vous le présentons comme digne d'être consacré à l'épiscopat pour ce siége...

A cette présentation le Pontife répond :

— Frères, votre pétition est-elle juste ?

Les solliciteurs répondent :

— Nous demandons que Dieu et vous, notre père, veuillez établir à notre tête, comme un bon directeur, celui-ci notre frère.

Le Pontife cette fois demande si le nouvel élu a bien gouverné sa maison ; s'il passe pour être un homme vertueux et d'une vie sainte ; s'il a avec lui les certificats de son élection. On les produit, il ordonne qu'ils soient lus à haute voix ; et la lecture finie, le Pontife ordonne à l'évêque élu de s'avancer jusqu'à la troisième rivière, ce qu'il fait immédiatement, et se mettant à genoux renouvelle la révérence. Alors le Pontife l'interrogeant lui demande :

— Frère, êtes-vous venu dignement à un honneur aussi haut ?

Le candidat répond :

— Mon seigneur, je ne suis pas digne d'une telle grâce, mais ce sont mes frères qui m'ont élu pour être leur pasteur.

Ici le Pontife reproduit plusieurs des interrogations du jour avant, et sur les réponses qu'il reçoit, il dit :

— Soyez attentif à observer diligemment et de tout votre pouvoir les préceptes de Dieu et les canons de l'Eglise sainte, et à professer la foi orthodoxe selon l'ancien et le nouveau Testament de Dieu, afin que vous puissiez gouverner votre Eglise avec zèle, juger votre peuple avec équité, sans arrogance ni convoitise de présents, visiter les orphelins et les veuves et secourir les pauvres de votre peuple selon vos forces.

Le candidat répond :

— Je veux faire de tout mon coeur toutes ces choses pour l'accomplissement desquelles je me confie à la grâce de Dieu et au secours de vos prières.

Et le Pontife ordonne qu'on le fasse avancer sur l'aigle en disant :

— Puisqu'il en est ainsi, faites-le avancer sur l'aigle, qui lui enseigne de s'élever aux cieux par de bonnes oeuvres, afin qu'il n'oublie pas ses promesses.

Il est conduit sur l'aigle, et le Pontife lui demande si vraiment il entend s'occuper de sa propre sanctification, méditer et lire continuellement les saintes Ecritures, devenir un modèle de toutes les vertus pour son peuple, par ses oeuvres et ses paroles ; l'instruire droitement dans la loi de Dieu et le nourrir de la sainte parole ; être humble, chaste, pacifique, doux et compatissant avec les pauvres, haïr la convoitise et tout intérêt déshonnète.

Le candidat à de telles demandes répond :

— Je veux de tout mon cœur exécuter vos ordres.

Et le Pontife :

— Voulez-vous promettre obéissance et fidélité à St-Pierre qui reçut de Dieu l'autorité de lier et de délier; ainsi qu'à notre Illuminateur St-Grégoire, et à leurs successeurs présents et à venir ?

Le candidat :

— Je le veux.

Alors le Pontife interroge le candidat sur sa foi ; il lui cite séparément les différents articles du Credo auxquels il ajoute les Ecritures saintes, rappelant en détail les différents livres de l'ancien et du nouveau Testament, et il lui demande s'il croit à tout cela.

Et le candidat répond :

— Je crois vraiment et je confesse toutes ces choses, je promets fermement de m'y associer et de suivre les saintes Ecritures de Dieu, l'ancien et le nouveau Testament ; je m'engage à m'y instruire toujours, à y instruire les autres et à ne rien prêcher contre la vérité.

Le Pontife ainsi édifié sur la croyance orthodoxe du candidat, lui ordonne d'anathématiser tous les hérétiques et leurs partisans ; et lui-même, le Pontife, nomme les différentes sectes, les principaux parmi les hérésiarques, et le candidat, à chaque nom de secte ou d'hérétique, répond :

— Anathème.

Puis le Pontife nomme plusieurs parmi les pères et docteurs de l'Eglise et lui demande s'il est disposé à suivre leur doctrine orthodoxe.

A quoi le candidat répond à l'unisson avec toute la congrégation présente :

— La mémoire de tous ces hommes justes soit bénie pour l'éternité !

Le Pontife lui fait déclarer publiquement qu'il admet les huit conciles oecuméniques qui ont défendu la sainte doctrine contre les hérétiques, et lui fait promettre de suivre leur enseignement; et le candidat s'exécute. Alors le Pontife lui demande la récitation de l'acte de foi; et le candidat souscrit à cette invitation en prononçant à haute voix son acte de foi ou le Credo.

A la fin le Pontife ajoute :

— Puisse cette foi croître en vous par la vérité et par la bonté de Dieu, ici-bas et dans la vie éternelle.

Toute la congrégation dit :

— Amen.

L'archiprêtre alors dit au candidat :

— Avancez-vous, élu, plus haut.

A cette invitation, le candidat s'approche du trône, monte les gradins et se met à genoux aux pieds du Pontife qui place ses mains sur sa tête et récite une courte prière, à la fin de laquelle il lui donne sa bénédiction. Il lui met ensuite sur les épaules le pallium épiscopal et le baise à la bouche ; puis il descend avec lui du trône, et suivi des autres évêques se rend à l'autel et commence la liturgie.

Après l'Introït et les prières usuelles, deux évêques prenant l'élu par les mains le conduisent devant l'autel et le font s'y mettre à genoux. En même temps le Pontife lui pose sur les épaules le livre des Evangiles ouvert que l'un des deux évêques tient, et sur la tête il lui met sa main droite.

On récite alors le 89me psaume, l'archidiacre récite quelques exhortations relatives à la consécration, et l'autre évêque lit à haute voix le certificat de l'élection canonique, de l'examen et de la confirmation de l'Evêque élu, après quoi, le Pontife dit :

— La grâce divine, qui toujours guérit les infirmes et pourvoit à toutes les nécessités, élève maintenant ce pieux prêtre (N...) à l'épiscopat de..., ville protégée par Dieu ; priez vous tous que la grâce du Saint-Esprit puisse descendre sur lui.

En prononçant ces paroles, il fait sur lui trois fois le signe de la croix, et à voix basse supplie l'Esprit-Saint de descendre sur lui et de le remplir de grâces, afin qu'il puisse porter dignement le joug de l'Evangile et sanctifier le peuple qui est confié à ses soins.

En même temps, les évêques assistants, par des prières spéciales, exhortent le peuple à prier pour le Pontife, afin que Dieu le fortifie dans l'exercice de son ministère ; à prier pour l'Evêque élu, afin qu'il puisse recevoir la plénitude des dons de l'Esprit-Saint ; puis pour l'Eglise vacante, afin qu'elle puisse être digne de recevoir un pasteur saint ; et en dernier lieu, pour eux-mêmes, pour tout le peuple et pour toutes les personnes affligées ou en détresse.

Pendant qu'ils prient ainsi, le Pontife met de nouveau sa main sur la tête de l'Evêque élu et implore le Dieu des miséricordes d'en faire l'imitateur de Jésus, le chef de tous les pasteurs ; afin que, comme lui, il puisse donner sa vie pour son troupeau et être le guide de l'égaré, la lumière de l'aveugle, le guide de l'ignorant, le soutien du malade, le miroir de la sainteté, et l'apôtre infatigable de l'Evangile.

Cette prière finie, tout le clergé dit à haute voix :

— La divine et céleste grâce, qui toujours pourvoit aux saintes nécessités de l'Eglise apostolique, maintenant élève (N...) de la prêtrise à l'épiscopat, pour le service de la sainte Eglise ; sur son propre témoignage et celui de toute cette congrégation.

Le peuple dit à trois reprises :

— Il est digne.

Alors le Pontife poursuit à haute voix :

— La divine et céleste grâce, qui toujours pourvoit aux saintes nécessités de l'Eglise apostolique, maintenant élève (N...) de la prêtrise à l'épiscopat, pour le service de l'Eglise sainte ; selon son propre témoignage et celui de tout ce peuple.

J'impose les mains sur lui ; vous tous priez pour qu'il puisse être digne de remplir dignement son office épiscopal dans le sanctuaire de Dieu.

Et ici il adresse une longue prière au Sauveur, le suppliant de vouloir envoyer sur le nouvel évêque son Esprit-Saint, dont furent remplis les apôtres, afin que fortifié par lui, il puisse supporter tous les fardeaux de son rang, prêchant avec un zèle infatigable la doctrine orthodoxe, subjuguant les incrédules, catéchisant les catéchumènes, maintenant les fidèles dans la vraie foi et dans la vertu, faisant repentir les pécheurs, conseillant les douteux, réconfortant les affligés, soignant les malades ; et se rendant vénérable aux yeux de tous par la prudence, la charité, la bénignité, la patience, la prière, la chasteté, etc.

Le Pontife ayant conclu par la prière, le chœur répète le 132me psaume ; puis on fait trois lectures de l'Evangile, et l'un des évêques lit une longue exhortation, par laquelle, eux-mêmes, au nom de l'Eglise, sollicitent de Jésus-Christ fils de Dieu, la vie et la santé pour le Pontife, pour tous les évêques orthodoxes, pour les prêtres, les diacres, les clercs,

les moines répandus par toute la terre, pour le nouveau pasteur, pour tout le peuple fidèle, etc.

A cette exhortation succède une prière pleine de
ferveur récitée par le Pontife, dans laquelle il prie le
Saint-Esprit de descendre d'en haut, avec tous ses
dons, sur l'évêque élu ; et le chœur ayant chanté
une hymne relative à la consécration des évêques, le
Pontife oint la tête de l'évêque élu, avec l'huile du
saint chrême, en forme de croix, et dit :

— Que votre tête soit ointe et bénite par l'onction
céleste, afin que vous puissiez être digne de l'épiscopat. Au nom du Père, et du Fils, et du Saint-Esprit.
Ainsi soit-il.

Il récite ensuite une longue prière, oint avec le
saint chrême les deux pouces du nouvel évêque et
dit :

— Que Dieu, le Père de notre Seigneur Jésus-Christ,
qui selon sa volonté vous a promu à l'épiscopat par
son pouvoir, vous confirme par cette sainte onction,
et vous remplisse abondamment des bénédictions
spirituelles, de sorte que ceux qui sont bénis par
vous, puissent être bénis, que ce qui est consacré
par vous puisse être consacré ; que tout ce qui est
scellé par vous avec la main et le pouce puisse être
scellé, et que quiconque recevra l'imposition de vos
mains, puisse trouver miséricorde et être sauvé.

Le peuple répond :

— Ainsi soit-il.

Alors le Patriarche lui présente la crosse épiscopale et dit :

— Recevez ce bâton ou cette crosse épiscopale,
symbole d'honneur et d'autorité, afin que vous puissiez corriger et punir les méchants, gouverner et
nourrir toujours les fidèles dans les lois et les préceptes de Dieu.

Ensuite il lui passe une bague au doigt et dit :

— Recevez la bague gage de fidélité ; persévérez
diligemment, avec une foi vraie et droite, dans votre
condition divine d'époux de la sainte Eglise.

Il lui met à cet instant dans les mains le livre des
Evangiles et dit :

— Prenez maintenant les Evangiles du royaume
céleste, et allez prêcher au peuple qui vous a été
confié par Dieu, et que Dieu le tout-puissant ac-
croisse votre troupeau et règne sur lui pour toujours.

Le Pontife en même temps l'embrasse, ce que font
aussi les autres évêques, tandis que les prêtres et
tout le clergé lui baisent la main.

Ensuite il lui pose sur la tête la mitre en récitant
la formule latine ; car, comme nous l'avons déjà
mentionné, la mitre a été introduite dans la suite,
envoyée en présent par le Pontife romain.

Quant aux gants, il n'est pas d'usage de s'en servir dans l'église arménienne.

Les ornements épiscopaux étant revêtus, la liturgie continue ; et quand le moment de la communion arrive, le nouvel évêque monte à l'autel, se communie de ses propres mains sous les deux Espèces consacrées par le Pontife, et avec la permission de ce dernier, il communie aussi les autres évêques ainsi que le reste du clergé et ceux du peuple qui sont préparés.

La liturgie finie, le Pontife quitte l'Eglise, accompagné par tous les évêques et le clergé. Quant au nouvel évêque, la rubrique prescrit qu'il doit rester quarante jours constamment à l'église.

Voilà donc en quoi consiste le rite par lequel les Arméniens pourvoient aux siéges épiscopaux vacants.

Cependant, pour compléter le cérémonial de l'ordination dans la hiérarchie de l'Eglise arménienne, il nous faut aussi dire comment les Arméniens agissent dans la consécration de leur grand Pontife.

XIII

CONSÉCRATION DU CATHOLICOS OU GRAND PONTIFE DES ARMÉNIENS.

Le plus grand dignitaire de l'Eglise arménienne porte le titre de Catholicos, nom qui désigne le grand Pontife ou Patriarche général de tous les Arméniens.

Ainsi donc, au décès de ce grand dignitaire, on choisit son successeur toujours dans le corps des évêques; et c'est par le suffrage général de tous les évêques, que sont choisis trois des plus dignes dans l'épiscopat. On fait alors subir un sévère examen à ces trois candidats au Pontificat de l'Eglise arménienne, dont on choisit, pour l'occuper, le plus méritant, et l'on exige que celui-ci jouisse d'une vraie renommée de sainteté, de foi orthodoxe et d'instruction.

Le jour fixé pour son élévation, tout le clergé se rassemble dans l'église, où doivent se trouver au moins douze évêques, le métropolitain et un des patriarches inférieurs. Et là, devant toute la congrégation, le Pontife élu est introduit, et comme pour les

7

évêques, on fait des recherches sur la pureté de sa vie, sa croyance orthodoxe, sa sagesse et sa doctrine. Quand on s'est assuré qu'il est en règle pour chacune de ces conditions requises, on lui ordonne de prononcer publiquement sa confession de foi. Ensuite on récite le 89me psaume, et l'on fait toutes les lectures des épîtres et des évangiles, prescrites dans le cérémonial de l'ordination des nouveaux évêques.

Cela fait, l'archidiacre lit une exhortation à la fin de laquelle tous ensemble disent quarante fois:

— Seigneur ayez pitié.

Alors le métropolitain commence à réciter à haute voix la formule suivante:

— La divine grâce qui pourvoit toujours aux nécessités du saint ministère de l'Eglise apostolique, pour le gouvernement de la maison de Torgome [1], élève (N...) de l'épiscopat au Pontificat, au service et à la prélature de l'Eglise sainte, sur son propre témoignage et celui de tout ce peuple.

A cette formule le peuple répond par trois fois:

— Il est digne.

Le métropolitain continue de nouveau:

— J'impose les mains sur lui; vous tous, priez

---

1 Les Arméniens sont aussi désignés sous la dénomination de Fils de Torgome.

pour qu'il puisse être digne d'administrer sans tâche l'autorité du siége apostolique.

Immédiatement après, tandis qu'il tient encore ses mains sur la tête du Pontife élu, il récite une prière, conjurant le Sauveur d'envoyer son Esprit-Saint sur le nouveau Pontife, afin que rempli de ses dons sacrés, il puisse occuper dignement la chaire de St. Barthélemy, de St. Thaddée, de St. Grégoire l'Illuminateur, et gouverner l'Eglise arménienne avec une doctrine sainte et orthodoxe.

Alors on récite le 132me psaume, on fait plusieurs lectures des épîtres et des évangiles, et deux des évêques lisent à haute voix quelques exhortations.

Puis le métropolitain récite une prière, demandant à Dieu que le nouveau Pontife puisse dignement occuper le premier rang dans la hiérarchie arménienne, gouverner le peuple avec une doctrine sainte et orthodoxe, et être affable, patient, chaste, sobre, sage, etc.

Cette prière terminée, on le revêt des ornements pontificaux, qui sont à peu près comme ceux des patriarches grecs. On le fait asseoir ensuite sur le trône pontifical, et tous les membres du clergé, selon leur rang, s'avancent pour lui faire la révérence et lui baiser la main.

Cette cérémonie accomplie il descend de son trône, et entouré des autres patriarches, évêques, prêtres et diacres, se rend à l'autel et commence la liturgie; après laquelle on récite le 23me psaume, récitation suivie d'une lecture des épîtres [1] et d'une autre des évangiles [2].

C'est ainsi qu'après l'accomplissement de tout ce détail de cérémonies, le Pontife dépose ses vêtements sacrés, se retire dans sa résidence où il est suivi par les patriarches, les évêques et les principaux du clergé qui sont invités à un banquet.

[1] Ire St. Pierre, v. 1-11.
[2] St. Jean xxi, 15-19.

XIV

DE L'ORDRE DES VARTABIEDS OU DOCTEURS EN THÉOLOGIE.

Division de l'ordre. — Devoirs de l'ordre des Vartabieds.

Le nom de Vartabied est un titre que, dans la hiérarchie arménienne, on donne aux prêtres non mariés; ce mot signifie Docteur en théologie. Et en effet, les Vartabieds sont les Docteurs en théologie de l'Eglise arménienne, et c'est dans leur classe que se condense toute la science sacrée. Tout ce qui concerne l'étude des Ecritures saintes, des Pères de l'Eglise, des conciles, la théologie dogmatique, morale, la controverse, tout est de leur compétence. Dans toutes les controverses de religion, de rite, de discipline ecclésiastique, ce sont eux qu'on consulte de préférence, de sorte que dans les synodes nationaux leur opinion prévaut.

Cet ordre leur est conféré avec une grande solennité et publiquement dans l'église, par l'évêque ou par le doyen des Vartabieds qui, en récitant nombre de psaumes, et en faisant plusieurs lectures des épîtres et des évangiles, leur présente le bâton doctoral.

Cet ordre est divisé en deux classes : l'une est

composée des Vartabieds mineurs, et l'autre des Vartabieds majeurs.

Les premiers portent, comme signe distinctif de leur rang, un bâton dont l'extrémité supérieure se termine en une tête de serpent enroulé. Les seconds portent le même bâton, mais au lieu d'un serpent ils en ont deux enroulés l'un à l'autre et ayant leurs têtes opposées à peu de distance.

Ces bâtons sont richement travaillés et incrustés de nacre, d'or, d'argent, etc.

Aux Vartabieds mineurs on ne confère que quatre grades, et le célibat seulement peut donner accès à cette dignité ; car il n'est nullement permis de conférer ces titres à des laïques ou à des individus qui n'ont pas été promus à la prêtrise.

Les devoirs des Vartabieds sont de prêcher au peuple, d'écouter sa confession, de combattre contre les incrédules, de convaincre les hérétiques, d'instruire les ignorants, d'apaiser les contestants et de conseiller les douteux.

Le bâton doctoral cependant n'est pas conféré à ces Vartabieds avec la même pompe de cérémonies qu'à ceux du rang supérieur. A ces derniers le titre est conféré avec le plus grand apparat. On place sur l'autel le bâton doctoral chargé d'ornements, et après la récitation d'une partie de l'office du matin, tout le clergé, orné des vêtements ecclésiastiques, entoure l'évêque à qui le candidat est présenté.

Alors l'évêque l'interroge sur sa doctrine et fait

des enquêtes sur sa conduite. S'étant ainsi assuré, à l'aide de la congrégation présente, qu'aucun obstacle n'empêche sa promotion, il lui fait anathématiser tous les hérétiques, accepter la doctrine des saints Pères et prononcer solennellement sa confession de foi, comme dans l'ordination des prêtres.

Ensuite on récite plusieurs psaumes, on fait plusieurs lectures des épîtres et de l'évangile, et à la fin on prend sur l'autel le bâton doctoral qui est présenté par l'évêque au candidat, à dix différentes reprises, en récitant chaque fois une formule différente, selon la vertu qu'on entend conférer à chaque fois.

Tel est brièvement le cérémonial dont on se sert pour promouvoir les dignes prêtres à cette dignité qui est des plus estimées dans le clergé arménien. Ces personnages portent dans toutes les cérémonies leur bâton doctoral, et tout titre ou haute charge n'est conféré qu'à des candidats choisis dans leurs rangs.

XV

LE SACREMENT DE MARIAGE

Pratiques exercées dans les négociations pour le mariage. —
La célébration du mariage. — Cérémonie qu'on fait dans
la maison de l'époux. — Cérémonie du huitième jour du
mariage. — Cérémonie du mariage des veufs. — Jours
dans lesquels le mariage est célébré.

Les Arméniens appellent ce Sacrement « Imposition de la Couronne, » car au nombre des cérémonies
en usage dans l'administration du mariage, il en est
une qui consiste à placer sur la tête des époux une
couronne de fleurs. Cependant, avant de donner la
description de la cérémonie, nous voulons parler des
pratiques en vigueur dans les négociations relatives
au mariage, selon les vraies coutumes nationales,
sans nous occuper des changements que l'influence
du contact des Européens a pu introduire dans les
habitudes du peuple.

C'est une coutume nationale que les parents choisissent l'épouse pour leur fils, ou au moins qu'ils
soient médiateurs : ainsi la mère du jeune homme,
accompagnée de quelques-unes des proches parentes,
va voir l'épouse et contracter avec sa mère.

Quand on est édifié sur les qualités, les habitudes
et les grâces morales et physiques de l'épouse choi-
sie, on fait une démarche auprès des parents, et s'ils
acceptent, on le notifie immédiatement à la jeune
fille, qui convaincue que ses parents ne veulent rien
autre chose que son bonheur, consent sans diffi-
culté.

Le jeune homme aussi, de son côté, dès qu'il vient
à savoir le choix que ses parents ont fait pour lui,
donne son consentement sans objection, quoiqu'il
n'ait jamais ni vu, ni connu la jeune personne.

Le consentement mutuel donné, des personnes
compétentes s'occupent de rechercher s'il n'y a pas
des obstacles légitimes à l'union projetée. Les liens
de consanguinité, selon les anciens canons, vont jusqu'au septième degré; quant à ceux de l'affinité ou
parenté spirituelle, jusqu'au quatrième degré.

Quand on a constaté qu'aucun obstacle n'existe
qui soit de nature à empêcher l'union, alors on envoie de la part du jeune homme un gage de mariage,
accompagné d'autres présents plus ou moins riches,
selon sa condition plus ou moins aisée: ces présents
ordinairement consistent en bijoux ou en une cer-
taine somme d'argent. L'épouse de son côté porte à
la maison de son mari sa dot qui consiste en vêtements de toute sorte, en bijoux d'or et d'argent, sans
omettre l'ameublement de la chambre nuptiale, c'est-
à-dire le lit, des sofas, des chaises, de petites tables,
des chandeliers et d'autres objets; pour un pareil

7*

ameublement de riches dames dépensent ordinairement beaucoup d'argent.

Les fiancés, pendant tout le temps qui s'écoule entre leur consentement et le mariage, n'ont aucune relation entre eux et même ne se voient pas ; c'est seulement à leurs parents qu'il est permis de correspondre avec eux, et sur ce point la délicatesse nationale est poussée très-loin.

Quand le jour destiné pour la célébration du mariage arrive, peu avant l'heure fixée, un prêtre accompagné de son diacre se rend à la maison de l'épouse, y bénit la bague nuptiale et les vêtements, en récitant des prières appropriées par lesquelles il supplie Dieu de rendre les fiancés heureux, de remplir de ses célestes bénédictions tout le trousseau et la dot de l'épouse, afin que les ornements extérieurs du corps puissent lui être une excitation à orner son âme de ces vertus angéliques qui sont nécessaires à la condition du mariage dans laquelle elle est sur le point d'entrer.

En même temps, l'époux vêtu de riches habits et portant au côté une épée, se présente avec beaucoup de pompe et accompagné d'un grand nombre de ses parents. Il est immédiatement introduit dans la chambre où l'épouse, couverte de la tête aux pieds d'un voile rouge, attend en compagnie de sa mère et de plusieurs de ses proches parentes. A la vue de l'époux, elle se lève aussitôt, s'avance quelques pas vers lui et lui fait une révérence.

Alors le prêtre récite le 89me psaume, et prenant la main droite de la jeune fille, la place dans la main du jeune homme et dit :

— Quand Dieu mit la main d'Eve dans la droite d'Adam, ce dernier dit : Voici maintenant l'os de mes os, et la chair de ma chair : celle-ci s'appellera d'un nom pris du nom de l'homme, parce qu'elle a été tirée de l'homme. C'est pourquoi l'homme quittera son père et sa mère et s'attachera à sa femme : et ils seront deux dans une même chair. Que l'homme ne sépare donc pas ce que Dieu a joint [1].

Le prêtre ensuite approchant la tête de l'un de celle de l'autre, jusqu'à ce qu'elles se touchent mutuellement, et plaçant sur elles une petite croix, récite la prière suivante :

— Dieu éternel, notre Seigneur, qui en recueillant les dispersés, les désunis et les inconnus, les avez joints par le mariage et constitués en unité indissoluble par le lien de votre testament ; Vous qui avez béni Isaac et Rebecca sa femme, multiplié leur race, et l'avez mise en possession de vos promesses ; Vous, Seigneur, bénissez ceux-ci, vos serviteurs, les dirigeant dans toutes les bonnes oeuvres par la grâce et la clémence de notre Seigneur et Sauveur Jésus-Christ, à qui appartient la gloire, le

1 Matt. 19, 6.

'pouvoir et l'honneur, maintenant et dans les siècles des siècles.

Après la récitation de cette prière et d'autres encore, les fiancés, accompagnés de toute leur suite, se mettent en route pour l'église où, aussitôt leur arrivée, ils font trois génuflexions devant la porte qui est fermée, tandis qu'on récite le 122me psaume. Ils font alors la profession de foi devant le prêtre et se confessent afin de participer à la sainte communion.

Alors on commence à tresser deux guirlandes en récitant, pendant qu'on tresse celle du jeune homme, le 21me psaume, et pendant qu'on prépare celle de l'épouse, le 45me.

Ces psaumes finis, le prêtre prend la croix dans sa main, se tourne vers les fiancés, leur explique tous les devoirs du mariage, leur faisant considérer que c'est un des grands sacrements de l'Eglise de Jésus-Christ; que son lien est indissoluble; que l'époux doit aimer sa femme comme Jésus-Christ a aimé son Eglise; que la femme doit être obéissante à l'homme; qu'ils doivent s'aimer mutuellement, se pardonner et s'entre-aider, élever leurs enfants dans la crainte de Dieu et dans la religion orthodoxe; il leur demande enfin s'ils sont prêts à accepter tous les fardeaux et tous les devoirs qui sont en connexion avec le mariage. A cette demande tous deux répondent que par la grâce de Dieu il sont prêts à subir cette loi.

Alors le prêtre prenant de nouveau la main droite de l'épouse, et la plaçant dans celle de l'époux, dit:

— Selon l'ordre divin que Dieu donna aux ancêtres, moi (N...), prêtre, je vous donne maintenant cette épouse pour qu'elle vous soit obéissante. Voulez-vous être son maître ?

L'époux tenant la main de l'épouse répond :

— Par la volonté de Dieu, je veux être son maître.

Alors le prêtre interroge l'épouse et demande :

— Voulez-vous lui être obéissante ?

Elle répond :

— Je suis obéissante selon l'ordre de Dieu.

Ces interrogations sont répétées à trois reprises par le prêtre, et à chaque fois les fiancés répondent comme nous l'avons dit ; ensuite le prêtre reprend :

— Maintenant, si vous continuez ainsi à tendre l'un vers l'autre dans l'amour de Dieu, la protection du Seigneur veillera sur votre sortie et votre entrée ; il bénira les oeuvres de vos mains et vous enrichira de biens tant spirituels que corporels ; afin que vivant ici-bas paisiblement et pieusement, vous puissiez être dignes de parvenir à la gloire des cieux qui nous a été promise, par la grâce de Jésus-Christ, à qui appartient la gloire, le pouvoir et l'honneur, maintenant et dans les siècles des siècles.

Puis il ajoute:

— Dieu est au milieu d'eux, et ils ne seront pas ébranlés; le Seigneur les protégera dès le lever de l'aurore[1].

On récite le 118me psaume; au 19me verset on ouvre la porte de l'église, et les époux entrent suivis de toute leur suite, continuant en même temps à réciter aussi le 100me psaume.

Le prêtre alors conduit les fiançés auprès de l'autel, et commence la messe nuptiale qui est trés-touchante et pleine d'onction, avec un nombre de prières faisant allusion au mariage. On fait plusieurs lectures de l'ancien et du nouveau Testament, et après une lecture de l'Evangile selon St. Marc, le prêtre bénit les deux guirlandes qu'on avait tressées et prie le Seigneur de vouloir bénir le mariage des nouveaux époux, comme il a fait anciennement celui des patriarches et de tous les justes qui ont vécu sous les deux lois.

Ces prières terminées, il met sur la tête du nouveau couple les deux couronnes, appelant sur eux tout bien spirituel et terrestre, et il les bénit en faisant sur leurs têtes le signe de la croix. Puis on récite des psaumes, on fait des lectures des deux Testaments, et le prêtre récite sur eux une prière, conjurant Dieu de vouloir, du haut de son trône, bénir leur mariage et les combler de toute sorte de biens. On dit alors l'oraison dominicale, et ainsi finit la cérémonie de l'imposition de la couronne. Cependant la liturgie continue et les deux époux reçoivent la sainte communion.

A la fin de la liturgie, le couple quitte l'église, et avec toute la suite se rend dans la maison de l'époux, en chantant le long du chemin des hymnes et d'autres cantiques.

En entrant dans la maison, l'époux s'assied sur un sofa expressément préparé, et fait asseoir sa femme à sa droite. On prend alors une riche coupe, on la remplit de vin, et le prêtre la bénissant, récite une prière dans laquelle il fait la commémoraison du miracle que Jésus-Christ opéra dans les Noces de Cana; puis il présente de ce vin bénit aux mariés pour qu'ils en boivent. En même temps on chante une hymne par laquelle, au nom de l'Eglise, on souhaite aux nouveaux époux toute sorte de bonheur spirituel et temporel; enfin, le prêtre clot les cérémonies ecclésiastiques du jour en récitant l'oraison dominicale. Alors tous les invités s'approchent et baisent les guirlandes.

On porte ces couronnes huit ou au moins trois jours, et pendant ce temps les nouveaux mariés vivent séparés dans le célibat.

Huit jours après, le prêtre, accompagné de son diacre, se rend de nouveau à la maison de l'époux pour lever les couronnes de la tête des mariés. D'abord il approche leurs têtes l'une à l'autre si près qu'elles se touchent, place sur elles une épée dégainée et une croix, et récite quelques prières conjurant le Seigneur de leur donner concorde, amour, chasteté conjugale, fécondité, prospérité et vie éternelle; et il les menace du courroux divin s'il arrive que l'un devient infidèle à l'autre : c'est à quoi fait allusion l'épée.

A la fin, il remplit une coupe de vin, la bénit et la présente à tous les deux pour qu'ils y boivent. Puis il récite l'oraison dominicale, leur donne sa bénédiction et les laisse libres. Dès ce moment, ils sont en possession du droit de vivre ensemble.

La cérémonie pour le mariage des veufs est bien plus courte; pour y procéder il est besoin d'une licence spéciale de l'évêque diocésain. Ordinairement un semblable mariage se fait à la maison.

Dans ce cas le prêtre, après avoir reçu la confession des deux fiancés, leur demande :

— Promettez-vous devant Dieu de conserver ferme, dans la crainte du Seigneur, l'amour conjugal, et dans le même amour et la même crainte de Dieu, de vous supporter mutuellement, et surtout de souffrir les dangers du corps, son mauvais équilibres, la cécité, les maladies longues et incurables, et autres dangers, dans la mesure des lois divines ? Promettez-vous, acceptez-vous, ferez-vous de bon gré tout ce que je vous dis ?

Les fiancés répondent :

— Oui.

Alors le prêtre mettant la main droite de la fian-
çée dans la droite de l'époux, prononce la formule et
fait les mêmes demandes que dans le premier mariage. Puis on lit des extraits des deux Testaments,
et le prêtre leur met sur la tête les couronnes ; il récite l'oraison dominicale, et leur donnant sa bénédiction, les laisse libres.

On ne célèbre jamais de mariage dans les jours de
jeûne, ni même le dimanche ou les jours de fêtes ap-
pelées Dominicales, ni non plus dans les quarante
jours qui suivent Pâques. Le jour ordinairement destiné pour la cérémonie du mariage est le lundi.

L'indissolubilité du mariage vrai et consommé est
un point dogmatique parmi les Arméniens, et de
cette condition les époux sont plusieurs fois avertis
par le prêtre avec les paroles de l'évangile, avant et
après la bénédiction nuptiale : de sorte que les cas
de divorce ou de séparation sont bien rares. On vit
ensemble en grande paix et harmonie, et la mort de
l'un ou de l'autre est généralement considérée comme
le plus grand malheur.

Les nouvelles épouses observent pour un certain
temps une particulière modestie et une conduite virginale : de sorte que pendant plusieurs années, elles
ne prennent pas la liberté de converser avec des
étrangers ou des amis, à l'exception de leur père,
leur mère, leur beau-père, leur belle-mère, leur belle-

soeur. Elles sont vraiment des modèles d'obéissance et de respect envers leurs maris, qu'elles regardent plutôt comme des maîtres que comme des
compagnons ; même en plusieurs choses, elles les servent comme des servantes, sans essayer, par des
objections, de se soustraire à l'accomplissement des
plus bas offices : car elles se considèrent dans la
maison de leur mari plutôt comme des filles que
comme des maîtresses.

Jadis même elles ne parlaient jamais en la pré-
sence de leurs beaux-pères si ce n'était qu'avec sa
permission ; et cette sévérité des beaux-pères, quelquefois durait dix ans et même encore plus.

Bizarre condition de la vie orientale, qu'on pour-
rait dire, elle est encore en vigueur parmi beaucoup
de nations de l'Est. Cependant le progrès de notre
temps et le contact des peuples différemment civili-
sés, commencent à la faire disparaître, en y introdui-
sant des usages plus libres, et plus conforme à la vie
de nos jours.

XVI

MORALITÉ DES ARMÉNIENS ET LEURS SENTIMENTS RELIGIEUX.

Sentiments politiques des Arméniens. — Dévotion religieuse.— Devoirs du clergé à l'égard de son ministère. — Taxe pour la messe. — Jeûne des prêtres pendant leur ministère. — Conservation du très-saint Sacrement de l'Eucharistie. — Reliques, intercession des Saints.

Je compte donner dans ce chapitre la description du caractère moral des Arméniens, sur le témoignage vénérable de documents anciens parfaitement exacts dans leurs appréciations. Il s'agit des impressions de voyageurs européens qui, ayant visité l'Arménie, ont eu des rapports avec le peuple et ont pu s'en former une idée nette.

Les signes caractéristiques de la moralité des Arméniens, sont la simplicité, la frugalité, l'austérité et une affection et dévotion pour tout ce qui concerne Dieu et la religion. Ils sont renommés par leur docilité à toutes les maximes de l'Evangile, par leur culte de toute vertu chrétienne; ils excellent dans la charité, dans la continence et dans la loyale soumission à leurs supérieurs légitimes, soit civils soit ecclésiastiques. C'est pourquoi ils arrivent toujours à leurs fins par des manières obligeantes et douces, sans jamais recourir à des mesures de rigueur et à l'arrogance.

Mais quoique doux de nature et très-patients, ils sont cependant capables de sévices, s'ils viennent à remarquer que quelque malheureux, poussé par son incontinence, se laisse aller à des libertés outrageantes pour la pudeur du sexe. Et sur ce point ils sont si délicats et si sévères que, même aux plus proches parents il n'est pas permis d'user de trop de familiarité avec les femmes.

Leur ressentiment aussi est porté à un point extrême contre les personnes qui prétendent introduire des changements dans les rites de leur église. Ils pensent que c'est outrager Dieu, St. Grégoire Illuminateur et les anciens Pères de leur Eglise qui leur ont transmis leurs rites sacrés; de sorte que sur ce chapitre ils ne peuvent tolérer, et spécialement de leurs nationaux, ni un mot, ni une ligne, ni une expression qui fasse voir de la désapprobation ou un désir de changement.

Ils sont extrêmement dévoués à la personne du Prince au gouvernement duquel ils sont soumis; et cela non pas par des vues politiques, mais simplement par principe de conscience. Etant bien pénétrés de cette grande maxime de l'évangile, qu'il faut rendre à César ce qui appartient à César, et à Dieu ce qui appartient à Dieu, ils croiraient trahir leur foi chrétienne, s'ils transgressaient dans la moindre chose les lois du Souverain, qui ne s'opposent nullement ni à la foi, ni à la moralité, ni même aux saintes pratiques de la religion.

Cependant, il y a aussi parmi eux des gens corrompus, mais pas de vices accrédités; et la vertu est tellement soutenue, que les méchants les plus pervertis, quand ils veulent imposer le respect au peuple sont forcés de se parer des dehors de la vertu.

Tel est à peu près le fond des relations de plusieurs voyageurs célèbres sur la moralité des Arméniens; et d'après leur témoignage, il n'existe point de peuple en Orient qui soit aussi dévoué qu'eux à la religion. Emportés par un sentiment religieux, ils sont aussi très-renommés pour leur libéralité dans leurs donations aux églises que, selon leurs moyens, ils enrichissent de dons en cire, en encens, en huile, en draps, en or et en argent et en toute sorte de vases précieux !

Comme ils sont d'une dévotion extrême, et très-portés à la prière, ils fréquentent les églises en y accourant de très-bon matin; de sorte que, dans les jours de fête, même avant l'aurore, les églises sont déjà remplies de fidèles qui assistent aux saintes cérémonies avec beaucoup de recueillement et de respect. Bavarder, porter autour de soi des regards irrespectueux, faire de vains compliments, et même cracher par terre, ce sont des actes de profanation dans la maison de Dieu.

Les offices divins sont très-longs, et aux jours de

solennité ils durent cinq et quelques fois aussi six heures. Tout le clergé y assiste, y prenant part selon le rang et l'ordre de chacun de ses membres. Les prières, les hymnes, les cantiques, les lectures sacrées sont appropriées et adaptées avec une merveilleuse convenance aux mystères et aux fêtes. Et le peuple prête respectueusement son attention aux saintes lectures, en silence, parfois debout, ou à genoux, d'autres fois assis par terre.

Chaque dimanche ou jour de fête tous se hâtent d'assister à la messe; mais comme la liturgie est longue et toujours chantée, (le rite arménien, comme nous l'avons déjà mentionné, ne tolérant pas de messe basse, excepté dans les églises des Arméniens catholiques), le peuple n'assiste pas à la messe jusqu'à la fin, mais seulement à une partie; ceux qui sortent font place à d'autres que la capacité du lieu élimine forcément du lieu saint.

Les prêtres ne célèbrent pas la messe tous les jours, mais selon leur nombre ils sont distribués dans les différentes églises, où chacun célèbre la messe quand son tour arrive, et au jour destiné pour lui.

Les fêtes principales sont destinées pour le ministère des patriarches, des évêques et d'autres hauts dignitaires.

Quand vient le tour de la célébration de la messe pour les prêtres séculiers mariés, — comme nous l'avons déjà dit dans un autre chapitre, — quelques jours auparavant ils se retirent dans les cellules qui sont construites pour cet objet autour de l'église, et là se vouent à une continence inviolable pendant tout le temps de leur ministère. Il n'est pas même permis à leurs femmes d'approcher de cet endroit sacré sous aucun prétexte; et même, s'il est possible, elles ne fréquentent pas la même église pendant ce temps.

Le célébrant, dans les jours où il doit célébrer le saint sacrifice, au moment de revêtir les vêtements sacerdotaux, se présente dans le chœur, demande pardon de ses péchés et du mauvais exemple qu'il a pu donner aux autres prêtres, et supplie tout le monde de prier pour lui.

Pendant le carême, on ne célèbre jamais le service de la sainte messe, excepté le samedi et le dimanche. Il n'y a pas de taxe fixe pour la messe, mais chaque pieux fidèle, selon ses moyens, fait une offrande au prêtre célébrant, en lui demandant de prier à telle ou telle intention dans la commémoraison des vivants ou des morts.

Les prêtres sont à jeûn, non seulement quand ils doivent célébrer la sainte messe, mais ordinairement aussi quand ils doivent administrer un sacrement quelconque, excepté dans les cas non prévus et quand la nécessité est urgente.

Le très-saint Sacrement de l'Eucharistie est constamment conservé dans le tabernacle de l'autel avec grand respect, et on s'en sert pour administrer le saint Viatique aux malades.

Les reliques, les images des Saints, et principalement celle de la Madone, sont honorées avec la plus grande dévotion.

La première dévotion de l'Arménien est pour la sainte Vierge dont l'intercession est invoquée continuellement: de sorte qu'il n'y a pas de service divin ou cérémonie religieuse sans l'invocation de la Mère de Dieu, pour implorer son assistance auprès de son fils et son aide dans les besoins de la vie.

Après la Madone vient l'invocation des Saints, c'est un dogme de foi; parmi les Saints que l'Eglise arménienne invoque, les principaux sont: St. Jean-Baptiste, St. Grégoire Illuminateur, St. Etienne, etc.

XVII

JEÛNES DES ARMÉNIENS.

Division des jeûnes : Bahk, Dzuòm et Navagadik.— Abstinence pendant le carême. — Abstinences en d'autres jours de l'année.

Sous ce rapport, les Arméniens se rapprochent plutôt de la discipline des Chrétiens des premiers siècles de l'Eglise ; car ils observent la plus rigoureuse discipline dans tous leurs jeûnes.

Ils divisent leurs jeûnes en trois classes :

Les uns sont appelés *Bahk*, pendant lesquels il n'est permis de manger ni viande, ni oeufs, ni laitage, ni même poissons; ils sont pratiqués avec une telle rigueur, qu'on s'abstient même de faire usage de l'huile et du vin. Dans ces jours on ne mange que des légumes.

La deuxième classe de jeûnes porte le nom de *Dzuòm* ; ils ressemblent aux premiers avec cette différence qu'ils sont plus rigoureux ; puisqu'il n'est permis d'y faire usage d'aliments qu'une fois par jour, après les vêpres.

La troisième classe de jeûnes est désignée sous le nom de *Navagadik* : on peut s'y servir de toute espèce d'aliments, la viande exceptée.

8

Les Arméniens sont tellement fidèles à l'observance de leurs jeûnes, qu'ils ne connaissent pas de dispense à ce sujet : c'est pourquoi ils se scandalisent beaucoup du relâchement sur ce point des chrétiens d'Europe qui viennent à s'établir dans leur pays.

Le jeûne du Carême appartient à la première et à la seconde classe de jeûnes. Cette période commence le lundi, ou deux jours avant celui des Latins, et dure jusqu'à la veille de Pâques. Alors, après le long office et la célébration de la messe [1], selon un usage national très-ancien, on rompt le jeûne en prenant seulement des œufs et des laitages. Cependant, les dimanches de la période de Carême, on fait une petite transgression à cette règle générale d'abstinence : car on peut user d'aliments à toute heure du jour.

Ordinairement on fait aussi de fréquentes abstinences pour plusieurs jours et même pour plusieurs semaines pendant l'année : par exemple, une semaine avant le dimanche de septuagésime en commémoration du jeûne de Ninive et de la conversion des Arméniens à la religion du Christ, se place un jeûne institué par St. Grégoire Illuminateur.

Il y en a également d'autres :

Une semaine, à peu près un mois avant Noël.
Une semaine avant le jour de Noël.

---

[1] Selon l'usage national, la veille de Noël et de Pâques, on chante la messe après les Vêpres ; c'est-à-dire de cinq à sept heures du soir, le célébrant étant à jeûn depuis vingt-quatre heures.

Une semaine avant la fête de St. Grégoire Illuminateur.

Une semaine avant l'Assomption de la très-sainte Vierge.

Une semaine avant l'exaltation de la sainte Croix.

Une semaine avant la fête de la Transfiguration de notre Seigneur.

Ce sont là les principaux jeûnes des Arméniens ; cependant il ne faut pas omettre le jeûne des autres semaines de l'année qui a lieu tous les mercredis et les vendredis, jours dans lesquels on fait abstinence de viande, de lait, de beurre, d'oeufs et d'huile, excepté dans la semaine qui suit le jour de Noël, celles qui suivent le jour de Pâques jusqu'à l'Ascension et celle qui suit après l'Assomption.

Le clergé et principalement ceux qui sont dédiés à la vie monastique, font une vie si austère que nous pouvons dire qu'ils passent une bonne moitié de l'année dans des abstinences très-rigoureuses.

XVIII

CÉRÉMONIES FUNÉRAIRES DES PERSONNES DE CONDITION LAÏQUE.

Cérémonies dans l'église. — Cérémonies dans le cimetière. — Pieux usages de la famille du défunt.

Lorsqu'une personne de condition laïque vient à mourir, le prêtre accompagné d'autres personnes du clergé et du peuple, se rend à la maison où gît le corps du défunt. Après avoir récité sur le corps plusieurs psaumes, des hymnes et des prières, et après avoir encensé le corps, il le fait porter à l'église processionnellement.

Pendant le trajet de la maison à l'église, la procession s'accroît des personnes du peuple et des amis du défunt; on chante des hymnes et d'autres cantiques funèbres. Quand la procession est arrivée à l'église, le corps — qui est habillé de ses plus beaux et plus riches vêtements, et selon la saison couvert d'une quantité plus ou moins grande de fleurs, — est immédiatement reçu par le reste du clergé qui appartient à la même église, ainsi que par d'autres ecclésiastiques, dont le nombre, selon la condition du défunt, est plus ou moins considérable. C'est alors qu'a lieu un service funéraire de psalmodies alternées, de cantiques, de lectures prises de l'ancien et principalement du nouveau Testament.

La cérémonie des obsèques est très-longue, mais très-touchante; une vive émotion naît surtout de certains cantiques et d'hymnes récités sous forme de dialogue entre le corps et l'âme du défunt, et ensuite entre ce dernier et le peuple présent. Ils sont surtout bien touchants les derniers adieux, que, dans les obsèques des personnes ecclésiastiques, le défunt adresse à l'Eglise, à l'autel, aux prêtres, aux parents, aux amis et à toute la congrégation présente, en ce qu'ils expriment les plus beaux sentiments de vraie foi en Dieu, qui récompense les bons, punit les méchants et fait revivre les morts.

Le service dans l'église terminé, on porte le corps de nouveau processionellement au cimetière qui ordinairement est situé hors de la ville et à l'écart des habitations. Tout le long du chemin, on chante des psaumes, des hymnes, et on récite sur le défunt des prières.

En arrivant au cimetière le prêtre prend trois poignées de terre, et l'ayant bénite en répand, par trois fois, une partie en forme de croix dans la fosse avec ces paroles:

— Que cette terre descende, avec la divine bénédiction, dans le tombeau de ce serviteur de Dieu! Au nom du Père, et du Fils et du Saint-Esprit. Ainsi soit-il.

8*

Cela fait, on place le corps dans le tombeau, et le prêtre répandant de nouveau par trois fois le reste de la terre sur le corps même, dit :

— Souvenez-vous, Seigneur, de votre serviteur, et bénissez, dans votre miséricorde, son tombeau ; car il était poussière, et selon votre sentence il est retourné en poussière.

Ensuite, faisant sur lui trois fois le signe de la croix, il dit :

— Que la divine bénédiction descende sur la terre de ce mort, et le ressuscite au dernier jour. Au nom du Père, et du Fils, et du Saint-Esprit. Ainsi soit-il.

Il termine cette touchante cérémonie en récitant quelques prières pleines de dévotion, à la fin desquelles la fosse est couverte de terre. Puis tous se mettent à genoux, et par des hymnes touchantes et des prières affectueuses prient Dieu de donner au défunt la paix éternelle.

En dernier lieu, le prêtre bénit le tombeau avec le saint évangile, récite l'oraison dominicale, et donne aussi sa bénédiction aux personnes présentes qui, s'approchant tour-à-tour, baisent chacune le livre des saints Evangiles, et la cérémonie ainsi close, tout le monde s'en va en paix.

Dans les huit jours qui suivent, le prêtre, vers le soir, se rend à la maison du défunt, et en y récitant des prières, prie pour la paix de son âme, afin de consoler la famille affligée.

Au jour du décès, la famille du défunt; selon ses moyens, honore d'un dîner tous ceux qui prêtent leur assistance et accompagnent le corps au tombeau.

Le premier samedi qui suit la semaine des funérailles, la famille du défunt distribue aux parents, amis et connaissances, une espèce de gâteau [1], afin qu'ils prient pour le repos de l'âme de leur mort. Egalement, le dimanche suivant, on distribue aux pauvres, pour le même objet, des aumônes en argent et en vivres, et l'on continue à faire ainsi, pendant quarante jours, pour le repos de l'âme du défunt; à cette même fin des messes sont aussi célébrées.

D'autres particularités sont encore à noter dans le Rituel arménien, à l'égard des cérémonies funéraires, comme sont celles qui regardent les ministres et qui leur ordonnent de se rendre au cimetière le deuxième, le septième, le quinzième jour, après les funérailles, et aussi le jour de l'anniversaire pour renouveler les obsèques : tant est grand l'intérêt que la piété nationale prend à procurer les suffrages des fidèles à l'âme du défunt.

1 Usage très-commun parmi les Grecs.

XIX

FUNÉRAILLES DES PERSONNES ECCLÉSIASTIQUES.

Cérémonies préparatoires. — Cérémonies dans la maison du défunt.—Habillement du corps. — Accompagnement du corps à l'Eglise. — Cérémonies dans l'Eglise. — Onction du cadavre. — Les adieux. — Cérémonies dans le vestibule de l'Eglise. — Au cimetière.

Plus solennels encore sont les rites pour l'enterrement des prêtres et autres ministres de l'Eglise. Plus le grade du défunt dans la hiérarchie ecclésiastique est haut, plus la cérémonie est pompeuse.

L'évêque ou un autre personnage de la hiérarchie, accompagné de son clergé et de nombreux fidèles, se porte d'abord au lieu de l'enterrement, et après y avoir récité des psaumes, des hymnes et des prières, prend la bêche et marque la place, faisant quatre signes en forme de croix et remuant un peu la terre; sur ce il ordonne de creuser la fosse. Il se porte ensuite processionnellement à la maison du défunt, suivi du clergé et du peuple.

Arrivés à la maison du défunt, les prêtres lavent décemment le corps de leur confrère, le revêtent d'un habit blanc, serré au milieu du corps avec une ceinture, des culottes blanches, des bas blancs et des souliers aux pieds. On lui couvre la tête d'un capuchon blanc et on lui ceint le front d'une bandelette blanche dont les deux bouts s'enroulent autour des épaules. On lui couvre le corps d'un long et blanc manteau, et on lui met dans la paume de la main droite un petit bout de linge avec de l'encens et un papier où sont écrits les premiers et les derniers versets des Evangiles.

Si cependant le défunt est un moine, ce sont ses confrères qui le revêtent de l'habit religieux de son ordre.

Tandis qu'on procède à l'habillement du mort, le chœur composé du reste du clergé, récite des psaumes, des prières, chante des hymnes et fait des lectures prises de l'ancien et du nouveau Testament ; l'habillement complété, on place le corps sur son lit, le visage tourné vers l'Orient et les yeux ouverts vers le ciel. Après quoi on l'entoure et l'on commence une longue et très-touchante cérémonie, pendant laquelle tous les prêtres chantant des psaumes, des hymnes et des prières, font sur le défunt le signe de la croix.

C'est alors qu'on place le corps sur la bière portée à l'église par le clergé même qui chante tout le long du chemin des hymnes et d'autres cantiques.

Si le défunt est un évêque, on porte devant la bière son trône et le bâton pastoral.

Si la distance qui sépare de l'église est longue, de temps en temps on s'arrête et l'on récite sur le défunt des lectures prises de l'Evangile. Quand on arrive à l'église, on s'arrête un moment dans le vestibule, jusqu'à ce qu'on ait récité certains psaumes et lectures de l'évangile qui font allusion à l'entrée mystique des demeures du Seigneur.

La cérémonie dans le vestibule accomplie, on entre dans l'église et l'on place la bière dans le choeur; en même temps on commence à réciter une longue psalmodie interrompue de temps en temps par des lectures, des encensements et des bénédictions sur le défunt. A la fin on commence la célébration de la sainte messe funéraire qui est très-longue; puis l'on porte la bière devant l'autel où l'on oint, avec l'huile du chrême, le front, la tête et la main droite du défunt.

L'onction finie, on lui place sur la poitrine un crucifix et le livre des évangiles, et alors tous les prêtres, comme au nom du défunt, s'avancent et baisent l'autel, les vases sacrés, la croix et le livre des évangiles qui sont placés dans les bras du défunt. En même temps ils commencent à réciter, d'un ton plaintif, au nom et en souvenir du défunt, les derniers adieux de la manière suivante.

Un des prêtres représentant le défunt dit le premier:

— Adieu sainte Eglise, adieu saint autel, adieu choeur des prêtres; je suis parti pour mon Créateur.

Le choeur répond en récitant le 122ᵐᵉ psaume, et

en même temps la bière est transférée du choeur au milieu de la nef. Les prêtres vont processionnellement tout autour de l'église, baisant les parois sacrées, montent au saint autel, le baisent de nouveau, s'embrassent mutuellement, et se rendant ensuite devant la bière, font la révérence au défunt, s'en approchent, baisent la croix et l'évangile qu'il tient dans ses bras et ensuite lui baisent la main.

Cela fait, le prêtre qui représente le défunt, de nouveau lève la voix et d'un ton plaintif dit :

— Adieu, ô vous enfants de l'Eglise, adieu, fidèles, mes frères en Jésus-Christ, adieu, ô vous tous du peuple ; je suis parti pour aller à Jésus-Christ, espérance de tous.

Le choeur répond en récitant le 87me psaume, et le prêtre représentant le mort dit de nouveau :

— Je vous salue, sainte Eglise ; je vous ai quittés, mes chers frères, appelé par Jésus-Christ notre Dieu qui ressuscite les morts.

Le choeur reprend en récitant le 139me psaume jusqu'au 13me verset : « Vous êtes le maître des sources de ma vie : Vous m'avez reçu au sortir du sein de ma mère. »

Le prêtre représentant le mort à cet instant réplique :

— Priez pour moi, ô vous mes pères, mes frères

et mes fils, et que Jésus notre Sauveur vous bénisse. Qu'il vous maintienne dans sa foi jusqu'au temps destiné pour sa venue; et que la paix du Seigneur soit avec vous pour toujours. Ainsi soit-il.

Le chœur continue la récitation du psaume interrompu jusqu'à la fin, et en même temps tout le peuple présent s'avance et baise la croix, l'évangile et la main du défunt.

Le prêtre, son représentant, en même temps dit pour la dernière fois :

— En quittant la vie de ce monde, quelle réponse dois-je vous donner, ô mon Dieu, pour mes actions dans le jugement à venir ? Mais vous, Seigneur, très-miséricordieux et clément, pardonnez et ayez pitié de moi.

Alors succèdent de longues prières, par lesquelles on conjure la divine bonté d'accorder pardon et paix à l'âme du défunt. On porte ensuite la bière dans le vestibule de l'église, où recommence un long service composé de psaumes, de prières et de lectures prises des douze prophètes, dans lesquelles est faite la commémoration de leur mort, et de l'Evangile. En même temps on tourne la bière tantôt à l'est, tantôt à l'ouest, tantôt au nord, tantôt au sud, en récitant tout le temps des prières touchantes et pleines de pensées mystiques.

A la fin on s'achemine processionnellement vers

le cimetière; et si le défunt est un évêque, on laisse le trône et le bâton pastoral à l'église pour son successeur. Dans le trajet, les prêtres du convoi chantent le 119me psaume auquel ils ajoutent des hymnes, et s'arrêtant de temps en temps, récitent sur le défunt des lectures prises de l'évangile, avec de solennels alleluja.

En arrivant au tombeau, ils répètent la cérémonie en usage avec les morts du peuple laïque. L'évêque ou le prêtre prend trois poignées de la terre, et les bénissant en répand une partie dans la fosse et une partie sur le cercueil. Cependant, quand il s'agit d'ecclésiastiques, cette cérémonie est faite avec plus de solennité, plus de prières, d'encensements, de bénédictions et d'autres apprêts, jusqu'à ce que le corps soit couvert dans la fosse. Et quand tout est fini, le clergé se rend à la maison du défunt pour faire acte de condoléance et consoler la famille.

Pour huit jours consécutifs, le clergé se rend au cimetière le matin, et y renouvelle sur la fosse les saintes obsèques, quoique plus brièvement; on fait de même le quinzième jour après les funérailles, le quarantième et finalement le jour de l'anniversaire.

Voilà comment les Arméniens observent les cérémonies sacrées de leurs funérailles. Et ces cérémonies sont tellement touchantes que personne ne peut y assister sans être rempli d'un profond sentiment de tristesse religieuse qui élève le coeur et l'esprit à Celui d'où dépend toute destinée humaine.

XX

LE CALENDRIER ARMÉNIEN

*Noms des mois arméniens. — Correction du calendrier
arménien.*

Dans l'ancienne histoire d'Arménie, nous trouvons
que les Arméniens, ainsi que les Babyloniens, les
Persans et les Egyptiens se servaient de l'année so-
laire qui était composée de 365 jours divisés en
douze mois, chacun de 30 jours ; ce qui donnant un
total de 360 jours, les cinq jours qui restaient
étaient ajoutés à la fin de l'année pour remplir le vide
qui restait entre le dernier jour du dernier mois et le
premier de la nouvelle année: c'est pourquoi ces 5
jours étaient désignés sous le nom d'Avéliatz ou de
jours additionnels.

Les mois aussi portaient des noms particuliers,
qu'ils continuent de porter même de nos jours, et ils
ne procédaient pas dans le même ordre que les mois
de l'année de l'ère vulgaire. L'année arménienne
commence proprement le 11 du mois d'Août et finit
avec le 5 du même mois, auquel on ajoute les cinq
jours additionnels pour compléter le nombre des
jours.

Voici les noms des mois arméniens et leur correspondance avec les mois de l'ère vulgaire.

Le premier mois par lequel l'année arménienne
commence est le mois de

1er Navassart qui commence avec le			11 Août.	
2me Hori	〟	〟	〟	10 Septembre.
3me Sahmi	〟	〟	〟	10 Octobre.
4me Dré	〟	〟	〟	9 Novembre.
5me Kaghotz	〟	〟	〟	9 Décembre.
6me Aratz	〟	〟	〟	8 Janvier.
7me Méhégan	〟	〟	〟	7 Février.
8me Arék	〟	〟	〟	9 Mars.
9me Ahégan	〟	〟	〟	8 Avril.
10me Maréri	〟	〟	〟	8 Mai.
11me Markatz	〟	〟	〟	7 Juin.
12me Hroditz	〟	〟	〟	7 Juillet.
Avéliatz	〟	〟	〟	5 jours.

Ce système de mesurer l'année fut modifié sous le
règne du roi d'Arménie Ardachès II, roi Arsacidé, à
peu-près 122 ans avant Jésus-Christ; ce roi ayant
adopté l'année julienne, modifia le calendrier arménien sur le romain. Mais il fut impossible de faire
renoncer le peuple à l'ancien système, d'après lequel
les Arméniens ont continué jusqu'à nos jours de cal-
culer le temps, au moins dans leur chronologie nationale.

Cependant, l'an 551, la fête de Pâques étant venue à tomber hors du cours ordinaire, — la période pascale de 200 ans établi par André de Byzance l'an 351, par laquelle était fixé le jour du mois où la fête de Pâques devait se rencontrer chaque année, ayant justement accompli son cycle en l'an 551, il s'ensuivait un désarroi naturel dans toutes les fêtes dépendantes de la Pâques, — on a senti la nécessité de remédier à l'inconvénient.

Cela amena la correction du calendrier arménien qui, comme nous l'avons raconté dans notre histoire d'Arménie, a été heureusement exécutée par le pontife Moïse II dans la même année 551, avec l'assistance de personnages les plus remarquables de la nation.

De cet événement naquit la nouvelle Ere des Arméniens, d'après laquelle ils commencent à dater leur année civile, à partir de la première année de leur nouvelle Ere, an 552. Ce système s'est continué jusqu'à nos jours, on a conservé toujours les mêmes noms et le même ordre des mois. Et, quoique dans les rapports civils, l'année julienne et les noms latins des mois soient d'un usage général, cependant dans les chronologies ecclésiastiques, ce sont encore les mois arméniens qui servent de date.

Ainsi, pour conclusion, nous répèterons que les Arméniens, comme toutes les nations d'Orient, suivent l'ancien Calendrier, n'ayant pas encore admis le Calendrier Grégorien.

XXI

FÊTES DE L'ÉGLISE ARMÉNIENNE.

*Fêtes célébrées le jour qu'elles arrivent. — Autres fêtes. —
Distribution des fêtes des Saints.*

Les Arméniens distribuent régulièrement leurs
fêtes et jeûnes dans chaque jour des mois que nous
avons nommés au chapitre précédent.

Le point de départ des solennités qu'ils célèbrent,
c'est le 6 janvier, jour où, selon un usage invétéré,
ils célèbrent trois fêtes en même temps, savoir : la
Nativité, l'Epiphanie et le Baptême de notre Seigneur. Et cela a été toujours un sujet de dispute entre les Grecs et les Arméniens : les premiers voulant
obliger les seconds à célébrer la Nativité de notre
Seigneur le 25 décembre selon l'usage des autres
nations.

Les Arméniens catholiques romains cependant
diffèrent des autres Arméniens leurs nationaux, en
ce qu'ils célèbrent la Nativité le 25 décembre d'a-
près les Latins; comme une fête distincte de l'Epiphanie.

Ainsi donc, le 6 janvier, en célébrant avec la Nativité, le Baptême de notre Seigneur, ils célèbrent
aussi la cérémonie de la bénédiction des eaux. A cet

effet; ils vont processionnellement, clergé et peuple au fleuve le plus proche et ils le bénissent. C'est un jour que le peuple attend avec grande dévotion pour administrer le baptême aux enfants.

A cette occasion, les maisons aussi sont bénites. Un prêtre, accompagné de son diacre, se rend successivement dans toutes les demeures; et après avoir chanté des hymnes, des psaumes, et fait des lectures de l'évangile, il verse de l'eau bénite et clot la bénédiction en récitant la prière dominicale.

A cette fête célébrée, invariablement en son propre jour, le 6 janvier, font suite six autres fêtes, qui reviennent invariablement aussi à des jours fixes. Les voici :

13 Janvier, la Circoncision.

14 Février, la Présentation au Temple.

7 Avril, l'Annonciation de la Ste-Vierge.

8 Septembre, la Nativité de la très-Ste-Vierge.

21 Novembre, la Présentation de la Ste-Vierge.

9 Décembre, la Conception Immaculée de la Ste-Vierge.

A part ces sept fêtes, toutes les autres, tant celles qu'on désigne sous le nom de Dominicales, que les fêtes des Saints, sont mobiles, et par conséquent ne tombent pas chaque année au même jour du mois; car elles dépendent du jour de la solennité de Pâques, ce qui fait qu'elles sont anticipées ou retardées.

C'est pourquoi les fêtes des Saints ne sont pas fixées d'après les jours des mois, comme c'est le cas pour les fêtes des nations d'Occident, mais elles sont distribuées sur les jours des semaines, de la manière suivante.

Pendant toute la période du carême, on ne célèbre de fête de Saints que le jour de samedi.

C'est le même cas pour toutes ces semaines de l'année qui sont dédiées au jeûne, et pendant lesquelles seulement le samedi on peut célébrer la fête des Saints.

Dans la période qui suit Pâques jusqu'à la Pentecôte, on ne célèbre pas de fête, même le jour du samedi : toute cette période de cinquante jours étant dédiée à la commémoraison de la Résurrection de notre Seigneur.

Dans les semaines qui suivent quelque fête dominicale avec octave, on ne célèbre pas de fête de Saint.

Quant aux autres semaines de l'année, le dimanche est toujours dédié à la commémoraison de la Résurrection de notre Seigneur, ou bien à quelque fête dominicale qui, si elle tombe un jour de la semaine, doit être transférée au dimanche suivant.

Chaque mercredi est un jour de jeûne, dédié à la pénitence, et par conséquent, on ne fait pas en ce jour de fête de Saint.

De même pour chaque vendredi, jour de jeûne, dédié à la commémoraison des morts.

Toutes les fêtes des Saints sont donc distribuées sur les quatre jours qui restent de la semaine. C'est pourquoi il n'y a à peu-près que 120 à 130 jours dans l'année qui soient destinés à célébrer les fêtes des Saints, et en conséquence, l'Eglise arménienne, quoiqu'elle célèbre séparément les fêtes des principaux Saints, unit la plupart du temps la commémoraison de plusieurs Saints dans un même jour. C'est ainsi qu'elle fait, principalement avec les fêtes des Martyrs, avec celles des douze Prophètes, des Patriarches de l'ancien Testament, des Anachorètes de l'Egypte, etc.

XXII

LA BIBLE ARMÉNIENNE.

St. Isaac entreprend la traduction de la Bible. — Elèves envoyés à Constantinople. — Mission de St. Mesrob et le manuscrit grec de la Bible. — Mérite de la traduction arménienne. — Collaborateurs dans la traduction de la Bible en arménien. — Editions de la Bible.

Nous avons déjà raconté brièvement, dans notre histoire de l'Eglise arménienne, comment, dans le commencement de leur conversion au christianisme, les Arméniens ne possédant pas de caractères nationaux, la lecture de la sainte Ecriture se faisait dans leurs églises en langue grecque et en syriaque.

Inventer l'alphabet arménien fut donc la première pensée, le plus fécond labeur de St. Mesrob; et l'an 406 étant parvenu à la découverte de ce rêve si caressé, il vivifia ses nationaux par une telle expansion de science et de progrès, qu'il fît, du cinquième siècle, l'âge d'or de la littérature arménienne.

Le principal monument de cette époque est la traduction de la Bible en arménien, due principalement à la collaboration du Pontife régnant St. Isaac.

Une tâche comme celle de la traduction de la Bible n'était pas chose facile, et chacun se méfiant de ses forces en déclinait l'honneur; cependant le besoin et le désir de posséder les saintes Ecritures dans la langue propre nationale, inspirèrent au peuple l'idée de chercher le membre le plus éminent de son clergé pour la lui confier.

Un seul, investi de la confiance générale, fut jugé capable d'une telle entreprise : c'était le pontife St. Isaac que sa sagesse, sa piété et sa connaissance parfaite de la langue grecque, désignaient à l'admiration de tous. Ce fut donc sur ce saint que tous les yeux se tournèrent.

Pour répondre à l'attente universelle, et seconder, en vue du bien, ce mouvement de l'opinion dirigé et activé par le roi Vramshabouh, St. Isaac se décida enfin à assumer la responsabilité de cette œuvre colossale, assisté par l'infatigable St. Mesrob. Celui-ci s'était déjà occupé de la traduction du nouveau Testament; car lorsqu'il séjournait en Mésopotamie et il se livrait à des recherches sur l'invention de l'alphabet arménien, comme la saison d'hiver ne lui permettait pas de retourner immédiatement dans sa patrie, voulut mettre à profit son invention et il s'était mis à traduire du grec le livre des Proverbes et le nouveau Testament.

Cependant St. Isaac en commençant la traduction se trouva bientôt dans l'impossibilité de trouver en Arménie un bon exemplaire de la traduction grecque de la Bible. C'est qu'en effet, le traître Mérujean qui, par ambition du pouvoir, avait abjuré le christianisme pour embrasser l'idolâtrie persane, rendu fort par les cohortes étrangères, avait ravagé sa patrie par l'épée et le feu, et y avait causé la plus horrible désolation. Et dans le but d'éloigner les Arméniens des Grecs, et de ruiner l'influence de ces derniers sur les premiers, il avait fait brûler tous les livres grecs qu'on pouvait trouver dans toute l'Arménie, forçant en même temps ses nationaux à renier la religion du Christ. St. Isaac obligé de renoncer à un manuscrit grec, en choisit un dans la langue syriaque : c'était une ancienne traduction de la Bible de l'Hébreu.

En même temps les deux Saints envoyèrent plusieurs de leurs meilleurs disciples à Edesse et à Constantinople pour s'instruire et se perfectionner dans les sciences, et principalement dans la connaissance de la langue grecque ; le but était de les mettre en mesure de les aider dans le perfectionnement de la traduction de la Bible. Et ces disciples, enthousiasmés par les encouragements de leurs docteurs, vaquèrent sans relâche pendant quelques années aux travaux de la littérature, et en même temps qu'ils s'instruisaient dans les plus célèbres écoles du pays, ils s'occupaient aussi de faire passer en arménien tout ce que la littérature grecque leur offrait de plus intéressant.

Cependant la situation politique de l'Arménie

obligea St. Isaac d'envoyer St. Mesrob à Constantinople pour une mission; ce dernier s'étant présenté
à Atticus, patriarche de la ville, lui fit le récit de
tous les événements littéraires qui avaient eu lieu en
Arménie. Dans la même conférence St. Mesrob ex-
posa au patriarche grec le désir de St. Isaac de posséder un exemplaire authentique de la Bible en grec,
pour pouvoir perfectionner la traduction qu'on avait
faite du Syriaque. Le saint patriarche promit de
commander des recherches pour en découvrir un
bon exemplaire: ce qui put se réaliser peu de temps
après. Car après beaucoup de patientes investiga-
tions, un exemplaire fidèle de la traduction des Septante fut découvert dans la bibliothèque impériale.
Cet exemplaire était une de ces cinquante copies,
qui, selon le récit d'Eusèbe, dans sa vie de l'empereur Constantin, avaient été transcrites, par ordre
du même Empereur, d'un très-véridique exemplaire
des Septante découvert de son temps. C'était donc
un pareil monument qui, à la fin du Concile d'E-
phèse, fut consigné, avec les Canons du même Concile, entre les mains des élèves qui étudiaient encore
à Constantinople, et qui se hâtèrent de faire immédiatement retour dans leur patrie pour le consigner
à leurs maîtres.

En recevant un tel trésor, les deux Saints, pleins
d'une sainte émotion, se mirent de nouveau à l'œuvre
et corrigèrent leur première traduction, ou plutôt, au
rapport de nos historiens, la traduisirent de nouveau
de l'original grec.

Nous ne pouvons dire rien qui puisse accroître l'importance du succès d'une telle œuvre; qu'il nous suffise de dire que la traduction de la Bible en arménien est une des plus grandes gloires de la nation, comme aussi elle excite l'admiration des savants étrangers. Le Brun, La Croze, St. Martin, Villefroy et plusieurs autres savants anglais, allemands et italiens, parlent avec les plus grands éloges de cette admirable traduction arménienne: les uns affirmant qu'elle est la reine de toutes les traductions qui existent dans les différentes langues, et d'autres encore qu'elle peut servir à corriger les nombreuses erreurs qui se sont introduites dans l'original grec: le texte arménien seul reproduisant avec une exactitude scrupuleuse la vraie traduction des Septante.

La même opinion était partagée aussi par Lord Byron qui, pendant ses études sur la langue arménienne à St. Lazare, ayant traduit en anglais la troisième épître de St. Paul aux Corinthiens, et celle de ces derniers à l'apôtre trouvées seulement dans la Bible arménienne comme apocryphes, avait aussi l'intention de faire une traduction complète de toute la Bible; mais malheureusement le temps lui manqua.

Or le mérite principal, ou plutôt tout le mérite de la traduction arménienne de la Bible, revient à St. Isaac, puisque c'est lui qui fut le principal instrument de cette œuvre. Cependant, comme nous avons déjà dit, St. Mesrob lui aussi a sa part de collaboration et de mérite dans l'ouvrage, puisque c'est lui qui, le premier, a traduit le livre des Proverbes et le nouveau Testament. Viennent ensuite leurs élèves qui d'abord aidèrent leurs maîtres dans la seconde traduction de l'original grec; quand elle fut achevée, ceux-ci voyant que plusieurs défauts la rendaient encore incomplète, par défaut de connaissance de la langue grecque, résolurent d'envoyer de nouveau quelques-uns de leurs élèves les plus méritants à Alexandrie pour bien se perfectionner dans cette langue. S'étant rendus à leur mission, ils complétèrent leurs études, puis retournant dans la patrie, revirent la traduction déjà faite; en corrigèrent les défauts, perfectionnant ainsi l'œuvre qui avait été l'objet de tant de fatigues et de sacrifices pour leurs maîtres.

Tel est le trésor qui a été transmis à la postérité de l'Eglise arménienne. Et c'est avec raison que nous lui donnons le nom de trésor: non seulement parcequ'il contient tout ce qui regarde la révélation divine, mais aussi parcequ'il renferme toutes les richesses et les beautés de la langue arménienne, et est en même temps le monument qui résume et condense toutes les merveilles de notre littérature.

Plusieurs éditions ont été faites de la Bible arménienne: la première parut à Amsterdam l'an 1666, publiée par Vartabied Osgan, envoyé exprès dans ce but d'Etchmiadzine. On lui reproche cependant d'avoir introduit des changements dans l'original arménien, voulant le faire concorder avec le Latin de la Vulgate. Une autre édition a été aussi faite l'an 1705 à Constantinople, et trois autres éditions à Venise par les Mekhitharistes; la dernière a été publiée en 1860, et soigneusement comparée avec nombre d'anciens manuscrits par le très-célèbre Père Arsène G. Bagratouni, Mekhithariste.

XXIII

LIVRES CANONIQUES.

Dans notre histoire de l'Eglise arménienne, nous avons déjà donné la note des livres canoniques de l'ancien Testament, selon qu'elle a été décrétée dans le Synode national tenu à Bardave l'an 767. Néanmoins il est nécessaire que nous renouvelions ici la liste des livres canoniques des deux Testaments, en prenant pour règle la dernière édition de la Bible publiée à Venise.

LIVRES CANONIQUES DE L'ANCIEN TESTAMENT.

L'Eglise arménienne accepte comme livres canoniques de l'Ancien Testament les suivants :

1. La Genèse.
2. L'Exode.
3. Le Lévitique.
4. Les Nombres.
5. Le Deutéronome.
6. Josué.
7. Les Juges.
8. Ruth.
9. 1er livre Des Rois (Samuel).

10. 2ᵐᵉ livre Des Rois (Samuel).

11. 3ᵐᵉ livre Des Rois.

12. 4ᵐᵉ livre Des Rois.

13. 1ᵉʳ livre Des Paralipomènes.

14. 2ᵐᵉ livre Des Paralipomènes.

15. 1ᵉʳ livre d'Esdras ⎰ Correspondant au 1ᵉʳ livre

16. 2ᵐᵉ livre d'Esdras ⎱ d'Esdras de la Bible latine.

17. Néhémie ou 3ᵐᵉ Esdras.

18. Esther.

19. Judith.

20. Tobie.

21. 1ᵉʳ Machabées.

22. 2ᵐᵉ Machabées.

23. 3ᵐᵉ Machabées.

24. Les Psaumes.

25. Les Proverbes.

26. L'Ecclésiaste.

27. Le Cantique des Cantiques.

28. La Sagesse de Salomon [1].

29. Sirach ou l'Ecclésiastique [2].

---

1 De ce livre St. Niersès de Lampron du XII.me siècle dit que, dans le principe, il n'était accueilli dans la liste des livres saints que comme douteux; mais qu'à présent (en parlant de son temps) il est hors de doute qu'il appartient à la liste des livres saints, à l'égal desquels il est vénéré. St. Nersès Glajetzi, également de la même époque, s'exprime de la même manière sur ce sujet.

2 Les Pères de l'Eglise arménienne produisent des citations de ce livre comme d'un des livres de la sainte Bible, témoin St. Grégoire de Nareg, Moïse de Chorène, etc. Nous trouvons aussi mentionné ce livre dans la note canonique du Synode de Bardave. — Voir, Hist. de l'Egl. armén. p. 127.

30. Job.
31. Isaïe.
32. Osée.
33. Amos.
34. Michée.
35. Joel.
36. Abdias.
37. Jonas.
38. Nahum.
39. Habacuc.
40. Sophonias.
41. Aggée.
42. Zacharie.
43. Malachie.
44. Jérémie
45. Baruch } [1]
46. Lamentations
47. Daniel.
48. Ézéchiel.

Du nouveau Testament les livres reçus comme canoniques, sont les suivants.

1. Evangile selon St. Matthieu [2].

1 Dans les manuscrits arméniens, ces trois livres se suivent par des chapitres successifs sans autre division, comme formant tous les trois un seul livre.

2 St. Matthieu, chap. 28, verset 18. L'Arménien contient de plus: « Tout pouvoir ... et sur la terre. *Comme mon Père m'a envoyé, moi aussi je vous envoie. Allez donc,* » etc.

2. Evangile selon St. Marc [1].

3.   „   „   St. Luc [2].

4.   „   „   St. Jean [3].

5. Actes des Apôtres.

6. Epître de St. Jacques.

7. 1re épître de St. Pierre.

8. 2me   „   de St. Pierre.

9. 1re épître de St. Jean [4].

10. 2me   „   de St. Jean.

11. 3me   „   de St. Jean.

12. Epître de St. Jude.

13. Epître de St. Paul aux Romains.

1 Le dernier chapitre de St. Marc, à partir du 9.me verset : « Or, Jésus se levant du tombeau, » jusqu'à la fin, se trouve reproduit séparément à la fin, dans les manuscrits arméniens, avec l'inscription : « Evangile selon St. Marc » en tête. Dans quelques manuscrits même on ne trouve pas de trace. Cependant plusieurs des anciens Pères de l'Eglise arménienne, donnent des citations de ce chapitre.

2 Pour le fait de la sueur de gouttes de sang de notre Seigneur, St. Luc 22,44, un Père de l'Eglise arménienne, s'efforce d'en prouver la vérité contre les adversaires, en apportant des citations des livres des Pères de l'Eglise grecque.

3 L'histoire de la femme adultère qu'on lit au chap. VIII, dans les manuscrits arméniens, on la trouve à la fin de l'Evangile selon St. Jean, écrite à part, portant en tête cette inscription : « Le fait de la femme adultère, » chap. VIII; et c'est dans le même ordre qu'elle a été aussi imprimée. Cependant Grégoire de Nareg au x.me siècle, produit des citations de ce chapitre, comme appartenant à la sainte Ecriture.

4 Dans le chap. 5.me, 47.me verset : « Il y en a trois qui rendent témoignage dans le ciel : « le Père, le Verbe, et le Saint-Esprit, » manque dans les manuscrits arméniens. Cependant il a été introduit du latin par Vartabied Osgan, dans sa première édition de la Bible à Amsterdam. Dans l'édition de Venise on ne le trouve pas.

14. 1ʳᵉ épître de St. Paul aux Corinthiens.
15. 2ᵐᵉ   „   „   „ Corinthiens.
16.   „   „   „ Galates.
17.   „   „   „ Ephésiens.
18.   „   „   „ Philippiens.
19.   „   „   „ Colossiens.
20. 1ʳᵉ   „   „   „ Thessaloniciens.
21. 2ᵐᵉ   „   „   „ Thessaloniciens.
22.   „   „   „ Hébreux.
23. 1ʳᵉ   „   „   à Timothée.
24. 2ᵐᵉ   „   „   à Timothée.
25.   „   „   à Tite.
26.   „   „   à Philémon.
27. L'Apocalypse [1].

LES APOCRYPHES.

Quelques autres livres qu'on trouve aussi dans la Bible arménienne, publiés aussi à la fin, sont cepen-

[1] Une première traduction de ce livre avait été faite anciennement par quelque élève des saints Traducteurs (St. Isaac et ses disciples), qui ne l'avaient pas crue digne eux-mêmes d'être ajoutée à la fin de leur traduction de la Bible. C'est que de leur temps on controversait ardemment sur l'authenticité de ce livre, ou plutôt sur son véritable auteur. Cependant dans les siècles suivants, la question s'étant éclaircie, St. Nierses de Lampron au XII.me siècle en fit une nouvelle traduction du grec, témoignant clairement que ce livre aussi appartient à la catégorie du nouveau Testament dans l'Ecriture Sainte, et que son auteur est le même St. Jean l'Evangéliste.

dant considérés comme apocryphes; ce sont les suivants :

1. Prière du Roi Manassès [1].
2. Lettre de Jérémie.
3. Epître des Corinthiens à St. Paul et la réponse de ce dernier [2].
4. Mort de St. Jean l'Evangéliste.
5. Prière d'Euthagée.

On trouve aussi dans quelques manuscrits l'histoire de Joseph et d'Assaneth, qui n'est autre qu'une addition au livre de la Genèse, ainsi que les Testaments des douze Patriarches, qu'on trouve aussi chez les Latins et les Grecs.

Quant au 4me livre d'Esdras et au 4me des Machabées, ils n'ont jamais été traduits par les Pères de l'Eglise arménienne.

[1] Cette prière est insérée dans le Bréviaire arménien et fait partie du service pendant la période du carème; on la récite à genoux, et elle est regardée par les Arméniens comme appartenant à la sainte Ecriture.

[2] Ces deux Epîtres ont été traduites par Lord Byron en anglais, dans le cours de ses études arméniennes à St. Lazare à Venise, et publiées à l'imprimerie du Monastère.

XXIV

TÉMOIGNAGE DE SERGIUS-LE-GRACIEUX.

Sergius-le-Gracieux, un des Docteurs de l'Eglise
arménienne du XIIme siècle, dans sa préface sur les
commentaires de la 2me épître générale de St. Pierre,
divise les livres des Saintes Ecritures en trois ordres :

> Les premiers sont ceux qui indubitablement
> sont acceptables.
>
> Les seconds ceux sur lesquels les anciens Pères
> ont eu quelque doute.
>
> Les troisièmes ceux qui ne peuvent jamais être
> acceptés.

Dans l'ancien Testament il y en a deux, qu'il
place dans la deuxième division ; ce sont :

1. La Sagesse de Sirach ou l'Ecclésiastique.
2. Esdras, c'est-à-dire le 4me livre qui n'a jamais
été traduit par les Pères arméniens [1].

Parmi les livres du nouveau Testament, il range
dans la deuxième classe :

1. La 2me épître générale de St. Pierre.

---

[1] Les Pères de l'Eglise arménienne par Esdras entendent les trois livres
canoniques y compris Néhémie.

2. La 2ᵐᵉ épître et la 3ᵐᵉ de St. Jean.

3. L'épître de St. Jude.

4. L'Apocalypse de St. Jean.

Ensuite il ajoute : « Ces livres qui aussi ont inspiré quelque doute relativement à leur authenticité, ayant été soigneusement examinés, et comparés avec la vérité et le mensonge, on a jugé qu'ils ne contenaient rien que la vérité ; ils ont été comme tels acceptés par l'Eglise et admis dans la catégorie des livres canoniques ; c'est pourquoi nous les agréons nous aussi.

« L'épître de St. Paul aux Hébreux est une de celles qui sont désignés sous le nom de contestables : de sorte que quelques-uns disent qu'elle a été écrite par Clément, et d'autres encore par Luc l'évangéliste. Cependant aucun des deux n'est l'auteur de l'épître, mais St. Paul lui-même...

« Il en est de même pour la 2ᵐᵉ épître de St. Pierre, que quelques-uns croient n'avoir pas été écrite par St. Pierre lui-même. Cependant, l'ayant moi-même lue et comparée bien attentivement, je n'y trouve rien que favorise cette opinion, et par conséquent je la crois fermement écrite par lui... »

C'est en ces termes que Sergius-le-Gracieux, donnant la liste des livres canoniques des Saintes Ecritures, reconnus par l'Eglise-arménienne, rend témoignage à la 2ᵐᵉ épître de St. Pierre, sur laquelle il fait un long commentaire.

TABLE DES MATIÈRES

—◦◇❀◇◦—

LES RITES SACRÉS DES ARMÉNIENS.

I. — *Le Rituel de l'Eglise arménienne*   5

II. — *Eglise.* — Le Sanctuaire. La Sacristie. L'usage des rideaux devant l'autel. La Niche pour les offrandes. Objets qu'on place sur l'autel. Note : Respect des Arméniens envers les Saints et les reliques. Eglise, Choeur et Nef   8

III. — *Administration du saint Sacrement du Baptême selon le rite arménien.* — Cérémonies au porche de l'église. Entrée dans l'église. Bénédiction de l'eau. Respect des Arméniens pour le saint chrème. L'acte du Baptême.   14

IV. — *Le saint Sacrement de la Confirmation.* — Acte réel de la Confirmation. Conclusion de la Confirmation. Communion des enfants nouvellement baptisés. Cérémonie du quarantième jour après le baptême de l'enfant.   23

V. — *Le saint Sacrement de Pénitence.* — Acte de Confession du Pénitent. Formule de l'absolution. Temps de confession dans l'année   28

VI. — *Le saint Sacrement de la Communion*   52

LITURGIE DE L'ÉGLISE ARMÉNIENNE.

Liturgie. — Usage et règles que l'officiant est obligé d'observer dans la célébration de la messe. Jours destinés à la célébration de la messe. Discipline concernant le prêtre célébrant. Préparation de l'hostie pour la sainte Eucharistie. Pain bénit pour être distribué à la fin de la messe   33

Vêtements d'église   37

Introduction à la sainte messe   43

Commencement de la messe . . . .   »

La préparation   44

Le Canon   49

La Communion   54

Communion du peuple   55

La conclusion   56

Distribution du pain bénit   58

VII. — *Le saint Sacrement de l'Extrême Onction* 60

VIII. — *Le Sacrement du Sacerdoce ou les Ordres Sacrés.* — Cérémonie du jour qui précède celui de l'ordination. Promotion aux Ordres 64

    Cérémonie de la Tonsure 66

        Premier ordre. *Le Portier* 68

        Deuxième ordre. *Le Lecteur* . . . . »

        Troisième ordre. *L'Exorciste* 69

        Quatrième ordre. *L'Acolyte* 70

    Règles pour le mariage du clergé arménien 71

IX. — *Promotion aux Ordres Majeurs* 75

        Cinquième ordre. *Sous-Diaconat* . . . . . »

        Sixième ordre. *Le Diaconat* 76

X. —   Septième ordre. *Le Sacerdoce.* 81

    Cérémonie de l'ordination 82

XI. — *Consécration de l'Evêque.* — Examen des évêques proposés. Examen fait par le Pontife au candidat à l'épiscopat 90

XII. — *Cérémonie de la Consécration de l'évêque* — Introduction à la cérémonie. Les figures symboliques. Respects envers le Pontife. Présentation du candidat. Interrogations faites au candidat. La Promotion. L'Onction 94

XIII. — *Consécration du Catholicos ou grand Pontife des Arméniens* 109

XIV. — *De l'ordre des Vartabieds ou Docteurs en théologie.* — Division de l'ordre. Devoirs de l'ordre des Vartabieds. 115

XV. — *Le Sacrement de Mariage.* — Pratiques exercées dans les négociations pour le mariage. La célébration du mariage. Cérémonie qu'on fait dans la maison de l'époux. Cérémonie du huitième jour du mariage. Cérémonie du mariage des veufs. Jours dans lesquels le mariage est célébré 116

XVI. — *Moralité des Arméniens et leurs sentiments religieux.* — Sentiments politiques des Arméniens. Dévotion religieuse. Devoirs du clergé à l'égard de son ministère. Taxe pour la messe. Jeûne des prêtres pendant leur ministère. Conservation du très-saint Sacrement de l'Eucharistie. Reliques, intercession des Saints . . 127

XVII. — *Jeûnes des Arméniens.* — Division des jeûnes : Bahk, Dzuòm et Navagadik. Abstinence pendant le carême. Abstinences en d'autres jours de l'année. 133

XVIII. — *Cérémonies funéraires des personnes de condition laïque.* — Cérémonie dans l'église. Cérémonies dans le cimetière. Pieux usages de la famille du défunt . 136

XIX. — *Funérailles des personnes ecclésiastiques.* — Cérémonies préparatoires. Cérémonies dans la maison du défunt. Habillement du corps. Accompagnement du corps à l'église. Cérémonies dans l'église. Onction du cadavre. Les adieux. Cérémonies dans le vestibule de l'église. Au cimetière 140

XX. — *Le Calendrier arménien.* — Noms des mois arméniens. Correction du calendrier arménien 146

XXI. — *Fêtes de l'église arménienne.* — Fêtes célébrées le jour qui arrivent. Autres fêtes. Distribution des fêtes des Saints 149

XXII. — *La Bible arménienne.* — St. Isaac entreprend la traduction de la Bible. Elèves envoyés à Constantinople. Mission de St. Mesrob et le manuscrit grec de la Bible. Mérite de la traduction arménienne. Collaborateurs dans la traduction de la Bible en arménien. Edition de la Bible 155

XXIII. — *Livres Canoniques* 160

XXIV. — *Témoignage de Sergius-le-Gracieux* 166

www.ingramcontent.com/pod-product-compliance
Lightning Source LLC
Chambersburg PA
CBHW052051090426
42739CB00010B/2125